학교 혁신의 **길**,
아이들에게
묻다

학교 혁신의 **길,**
아이들에게 묻다

초판 1쇄 발행 2017년 9월 25일
초판 2쇄 발행 2018년 9월 19일

글쓴이 남궁상운, 이현근, 정태식, 강영기, 손수경
펴낸이 김승희
펴낸곳 도서출판 살림터

기획 정광일
편집 조현주
북디자인 꼬리별

인쇄·제본 (주)현문
종이 월드페이퍼(주)

주소 서울시 양천구 목동동로 293, 22층 2215-1호
전화 02-3141-6553
팩스 02-3141-6555
출판등록 2008년 3월 18일 제313-1990-12호
이메일 gwang80@hanmail.net
블로그 http://blog.naver.com/dkffk1020

ISBN 979-11-5930-045-5 03370

학교 혁신의 길, 아이들에게 묻다

남궁상운
이현근
정태식
강영기
손수경
지음

살림터

전북에서 혁신학교 정책이 시작된 지도 벌써 8년입니다. 그사이에 전북의 혁신학교에 관한 책이나 글이 많이 나왔는데, 이 책의 다른 점은 혁신학교를 통해서 아이들의 배움과 삶에 어떤 변화들이 일어났는지에 대해 직접 아이들에게 묻고 있다는 것입니다. 초등학교 두 곳(남원초, 장승초)과 중학교 두 곳(덕일중, 회현중)을 대상으로 해서 그 학교를 졸업한 학생들과 인터뷰를 가졌습니다. 이 학생들을 가르치셨던 선생님들은 아이들의 배움과 성장을 설명해 주는 보조 역할을 하셨습니다.

이 책이 중요시하는 부호 세 가지는 '진짜 공부', '관계' 그리고 '공동체'입니다. 지은이 다섯 분은 전북교육연수원의 '혁신학교 전문가 아카데미 과정'에서 하나의 팀을 이루어 만났습니다. 이 책이 배아의 단계로 들어가게 된 계기입니다. 이 책의 성격은 당연히 실천 연구입니다. 이 책의 중간중간에는 위 네 개의 혁신학교에 근무하고 있거나 근무했던 선생님들의 인터뷰도 나옵니다. 그중 하나입니다.

교장 선생님과 연구부장 선생님은 제가 보기에는 되게 답답하게 느리게 가고 있었어요. 그래서 막 성질도 많이 부렸어요. 뭐 하고 있냐고 이러면서 그랬는데, 두 분의 말씀은 전체가 다 같이 시작해야 된다. 그 게 학교를 지키는 힘이 될 것이다. 그때는 저는 막 턱도 없는 소리 하지 마시라고. 안 되는 사람은 안 되는 거다 이렇게 많이 얘기를 하고 그랬었는데, 지금 생각해 보면 그때 만약 전체가 참여하는 교수학습 공동체를 만들지 않았더라면 고비고비가 있고 위기가 있고, 이랬을 때마다 어떻게 이 고비를 넘어왔을까 하는 생각이 들어요. 그게 제일 큰 힘이었던 거 같아요.

회현중 교사 양은희

많은 사람들은 '실력' 타령을 했습니다. 혁신학교는 아이를 놀리기만 한다고 말합니다. 그렇게 말하는 사람들에게 '실력이란 무엇인가?'라고 질문하면 머뭇거리다가 '그건 당연히 점수 아닌가요?'라고 내뱉듯이 대답합니다. 자신의 무지함을 스스로 드러내는 말입니다.

혁신교육의 목적은 바로 아이들의 배움과 삶의 변화를 이루는 것입니다. 아이들이 자신이 누구인지를 발견하고 자신의 삶을 자신의 색깔로 살아갈 수 있는 능력을 길러 주자는 것입니다. 여기까지는 우리 어른들의 생각이고, 중요한 것은 아이들은 이걸 어떻게 받아들이고 있었느냐는 것입니다. 이 책은 바로 그 지점을 들여다보고 있는 것입니다.

무엇보다도 읽는 이들에게 무엇을 전달하고자 하는지 그 메시지가 분명해야 하는데 그런 점에서 이 책은 많은 사람들에게, 특히 선생님들에게 잔잔하게 다가가는 이야기가 될 겁니다.

쉬지 않고 공부하고 실천하고 글을 쓰는 우리 선생님들이 그저 고맙기만 합니다.

2017년 8월 25일
김승환 전라북도교육감
페이스북에서 발췌

머리말

우리나라는 워낙 역동적이어서 다이내믹 코리아라는 말이 쓰인 적이 있다. 그러나 촛불혁명 이후부터 대통령 선거까지 숨 가쁘게 달려온 지난 몇 달간의 일들을 돌아보면 역동적이라는 표현으로는 턱없이 부족해 보인다. 이루어질 수 없을 것 같았던 많은 것들이 이루어졌으며, 마침내 국민의 염원을 담은 새로운 정부가 들어섰다.

2017년 7월 문재인 정부에서는 국정운영 5개년 계획을 발표하였다. 거기에는 국정 100대 과제가 잘 나타나 있는데 교육계에서는 그중 교육 분야의 6대 국정 과제, 30개 세부 과제에 주목하고 있다. 여기에 포함된 혁신학교 확대, 학생 중심의 교육과정 개편, 단위 학교 자치 강화와 같은 실천 과제는 학교 현장의 교사들이 그동안 시류를 거스르며 노력해 왔던 것들이다.

대통령의 국정 과제에도 나오는 혁신학교 정책은 전국의 대다수 시·도 교육청에서 정책적으로 이미 시행해 오고 있다. 그러나 그전부터 전국의 여기저기 작은 학교에서 변화를 위한 노력이 있었다. 경기도 광주의 남한산초등학교나 전북 완주의 삼우초등학교와 같은 작은 학교에서 많은 이들이 헌신적으로 활동했다. 교육과정의 재구성, 학교 운영 방법의 개선, 학생 중심의 수업 열기, 업무 경감, 프로젝트 수업, 교사·학생·학부모 자치모임, 새로운 형태의 체험학습과 같은 현재 혁신학교에서 볼 수 있는 다양한 활동이 이루어지고 있었다. 이들의 노력에 힘입어 지금은 많은 시·도에서 혁신학교 정책이 확산되어 가고 있는 것이다.

혁신학교의 성과는 여기저기서 나타나고 있다. 폐교 위기의 학교가 다시 살아나고 있다는 기사가 나오고, 학생자치활동이 활성화된 이야기, 학교와 마을이 협력하여 여러 가지 협력 프로젝트를 운영하는 이야기가 미담으로 등장하고 있다. 또한 교사 중심의 수업이 학생 중심의 수업으로 바뀌어 가고 있고, 교사들은 수업을 통해 아이들을 만나고 있다.

교단에서 교사들은 학생들을 가르치면서 무엇이 옳고 그른지 직감적으로 알고 있다. 혁신학교에서 학생들이 즐거워하며 적극적으로 수업에 참여하고 그들이 성장하는 모습을 보며 이 길이 옳다고 여긴다. 그러나 내가 가르친 아이들이 상급 학교에 진학해서 어려움을 겪지는 않을지, 입시에서는 어떨지, 사회에 진출해서는 어떨지 염려하는 것도 사실이다.

학교 혁신의 성패를 가늠하는 것은 학생들에게 달려 있다고 해도 과언이 아니다. 많은 연구자들이 현재 혁신학교의 프로그램이나 전반적인 학교 운영을 분석하기도 하고 교육 주체 모두를 대상으로 만족도를 조사하기도 한다. 그러나 혁신학교를 경험한 학생들의 변화와 그들의 혁신학교에 대한 판단에 보다 깊은 관심을 기울일 필요가 있다. 더 나아가 혁신학교를 졸업하고 다양한 경험을 한 이후에 과거의 혁신학교에서의 교육에 대하여 어떻게 생각하는지 알아볼 필요가 있다.

혁신교육이 잘되어 가고 있는지 알아보기 위하여 무엇보다도 먼저 혁신학교를 경험한 학생들의 변화와 성장에 관심을 기울일 필요가 있다. '혁신교육이 아이들의 삶에 어떤 영향을 미쳤는지 알아보자'는 생각이 이 책의 출발점이다. 그리하여 전라북도의 초창기 혁신학교에서 생활했던 아이들을 만나 묻고 그들의 이야기를 듣기로 했다.

1장에서는 먼저 혁신학교라는 타이틀을 걸고 학교를 개혁하려고 노력하던 수많은 시도에 대한 전반적인 평가를 알아보았다. 그 지점에서 우리는 아이들에게 물어보았고, 아이들로부터 들은 이야기를 진짜 공부, 관계, 공동체라는 세 가지 주제어로 담아내었다.

2장에서는 아이들의 첫 번째 이야기로 진짜 공부에 대하여 다각도로 살펴보았다. 4차 산업혁명에 따른 우리의 대응을 논하고 있는 이 시점에서 우리는 무엇을 공부해야 하는지 성찰해 보았다. 먼저, 진짜 공부에 대한 교사들의 고민과 실천을 수업 열기, 교사 동아리, 교육과정 운영과 평가의 측면으로 접근해 보았다. 다음으로는 아이들이 경험했던 진짜 공부를 체험으로 배우기, 민주시민교육으로 배우기, 함께 배우기, 통합적으로 배우기, 진로와 연계하여 배우기로 접근해 보았다.

3장에서는 아이들의 두 번째 이야기를 따뜻한 관계로 엮어 보았다. 먼저 아이들이 생각하는 따뜻한 만남이란 어떤 것인지, 그리고 교사들이 동료 교사나 아이들과 갖는 따뜻한 만남에 대하여 그려 보았다. 그 다음으로 아이들과 교사들은 따뜻한 관계 속에서 어떻게 성장해 나갔는지 살펴보았다.

4장은 아이들의 세 번째 이야기로 공동체에 관한 것이다. 먼저 교육의 관점에서 볼 때 점점 희미해져 가는 공동체가 회복된다는 것은 무엇을 의미하는지 살펴보았다. 그리고 학교가 공동체를 경험하는 공간으로 어떻게 회복되어 가는지를 그려 보았다. 특히 아이들에게 있어서 학교생활의 대부분이라고 할 수 있는 수업의 장을 통해 어떻게 공동체가 살아나는지 기술했다. 그리고 마지막으로 학교공동체는 결국 마을 속에서 살아나야 함을 제시했다.

5장에서는 아이들과 교사들이 꿈꾸는 학교의 모습을 그려 보았다. 아이들의 이야기를 듣다 보면 결국 우리가 추구하고 있는 혁신의 방향이 옳다는 결론에 도달하게 되며, 그 길목에서 끊임없이 노력할 때 비로소 교사들은 하나의 존재로서 우뚝 설 수 있음을 제시했다. 그리고 끝으로 우리가 꿈꾸는 학교에 대하여 그려 보았다.

이 책이 나오기까지 많은 분들의 도움이 있었다. 전라북도교육연수원에서 개설한 '혁신학교 전문가 아카데미 과정'은 교육 현장에서 묵묵히 실천하는 교원과 전문직이 실천 연수를 할 수 있도록 구성되었는데, 이를 통해 우리 집필진이 처음으로 만났다. 실천 연구를 해 나가는 과정 속에서 남원초, 장승초, 덕일중, 회현중의 아이들과 선생님을 만났다. 이들은 혁신학교에서 경험했던 행복하고 즐거웠던 이야기뿐만 아니라 부끄럽고 마음 아팠던 이야기까지도 솔직하게 나누어 주었다.

'학교 혁신의 길, 아이들에게 묻다'는 우리가 처음 교단에 섰을 때 품었던 그 마음이다. 그때 그랬듯이 늘 아이들에게 묻고 그들의 목소리에 귀 기울이면 좋겠다. 이 책이 학교 혁신을 위해 노력하는 교육공동체 구성원들이 함께 나아가는 데 조금이나마 도움이 되기를 바란다.

파인트리에서
저자 일동

차례

학교 혁신에 대한 아이들의 이야기

*이 글은 2017 전국 시·도 교육청 네트워크 교육혁신 국내 학술대회의 원고를 수정한 것이다.

1. 혁신학교와 아이들

교단에서 학생들을 마주하는 교사라면 누구나 가슴속 깊이 간직하고 있는 열망이 있다. 그것은 지금의 사회 현실이나 학교의 상황에서는 실현되기 어려울지라도 아이들과 꼭 해 보고 싶은 배움과 가르침을 실천으로 옮기는 것이다. 이러한 교사들의 열망이 모아지고 또 정책적으로 뒷받침되어 결실을 맺고 있는 것이 혁신학교이다. 혁신학교를 하나의 흐름으로 보자면 교사 개인의 자발성에 기초한 실천운동이 시·도 교육청의 적극적인 노력과 맞물려 제도화되고 이제는 혁신학교의 테두리를 넘어 점차 모든 학교로 확산되는 학교 혁신으로 진행되어 가고 있다. 혁신학교를 살펴볼 때 놓쳐서는 안 될 또 다른 부분이 있다면 그것은 변화를 바라는 많은 교사들의 헌신적인 노력이 아이들의 성장과 행복에 맞추어져 있는 점이다(작은학교교육연대, 2009).

현행 공교육 체제의 한계를 뛰어넘어 새로운 교육철학과 비전을 바탕으로 학교 운영 시스템을 바꾸어 나가기 위한 혁신학교 정책은 2009년 경기도에서 13개 학교를 지정하면서 시작되었다. 이는 이듬해에 전북을 비롯한 6개 지역으로 확대되었으며, 2017년 3월 현재 14개 시·도 교육청에서 1,148개의 혁신학교를 지정·운영하고 있다. 8년 만에 88배가 증가한 것이며, 전국 학교 수로 볼 때 전체의 5.6%에 이르고 있다.

전라북도에서는 2010년 김승환 교육감이 취임한 직후부터 혁신학교 추진위원회를 중심으로 혁신학교 운영을 준비하여 2011년부터 20개의 혁신학교를 운영하기 시작했다. 그 이후 해마다 20~30여 개의 혁신학교를 지정·운영하여 2017년 현재 161개교에 이르렀다. 학교급별로 보면 유치원 1개원, 초등학교 100개교, 중학교 46개교, 고등학교 14개교이며, 초·중·고등학교만 보면 이는 전라북도 전체 학교의 20%가 넘는다.

이렇게 많은 수의 혁신학교가 나타날 수 있었던 것은 전북교육청의 정책적인 뒷받침과 함께 학교 현장에서 교육 구성원들의 적극적인 노력이 있었기 때문이다. 교육청 차원에서는 예산, 연수, 컨설팅 등 학교의 요구를 행·재정적으로 지원했다. 학교에서는 해 보지 않은 일을 해야 하는 어려움과 구성원 사이의 갈등을 이겨 내며 성장해 갔다. 혁신 1기의 한 초등학교는 구성원들의 생각이 달라 회의나 체육행사 하나하나에서 어려움을 겪었지만 기다려 주고 대화하면서 점차 수업과 평가에서 변화를 일구어 냈다. 어느 중학교는 수업 공개와 협의회, 교과통합 프로젝트 수업을 중심으로 혁신을 만들어 갔다(박일관, 2014).

혁신학교들이 만들어 가는 변화는 많은 연구에서 긍정적으로 평가되고 있다. 노상우 외 6인(2011)의 「전북 혁신학교 착근과정과 확산방안에 관한 질적 연구」에는 여섯 개 초·중·고 1기 혁신학교가 겪는 어려움과 함께 학교의 특성에 맞게 혁신학교를 만들어 가는 교사들의 모습이 잘 나타나 있다. 이들 학교는 학교 운영, 학교문화, 교육과정, 교실 수업, 학부모와 지역사회 참여의 다섯 가지 영역에서 혁신을 확산시켜 갔다.

전북지역 혁신학교의 성과는 2012년부터 해마다 전북교육정책연구소에서 미래형 학교효과성 측정 도구를 활용하여 측정하고 있는데, 전반적으로 혁신학교가 일반 학교보다 학교효과성이 높게 나타나고 있다. 2016년 혁신학교의 학교효과성 분석에서는 미래핵심역량, 수업공동체, 교사 역량 강화, 교육공동체 교육과정, 특색 있는 교육과정, 민주적 협의 문화, 수업지원 체제 구축, 교육자치 실현, 지역사회협력 네트워크, 교육만족도의 10개 변인에서, 혁신학교와 일반 학교의 학교효과성을 비교했다. 교원의 경우 모든 변인에서, 학생의 경우 미래핵심역량, 수업공동체, 교육만족도 변인에서 학부모의 경우 미래핵심역량, 수업공동체, 민주적 협의 문화, 교육자치 실현, 교육만족도의 변인에서 혁신학교가 일반학교보다 학교효과성이 높게 나타났다(서영민·조무현·박성자, 2016).

혁신학교의 변화는 현장 교사들의 목소리에서 한층 분명하게 나타난다. 혁신학교에 근무하거나 관심을 갖고 있는 많은 교사들이 참여한 제5회 호남권 혁신학교 포럼에서는 혁신학교 정책뿐 아니라 학교의 전반적인 변화를 다루었다(전라북도교육청, 2016). 여기에는 학습공동체, 학생자치, 학교 업무 최적화, 마을교육공동체, 교육과정 재구성, 수업혁신, 평가혁신 등 학교교육을 둘러싼 수많은 영역에서 교육 관계자들이 실천하며 축적한 경험이 잘 드러나 있는데, 많은 실천 사례들이 학생들에게 초점이 맞추어져 있다.

광주산정중학교에서는 학생회 회의부터 자치가 이루어지도록 학생회를 새로운 형태로 바꾸고 학생자치활동을 학생 스스로 계획하고 결정하도록 했다. 전주진북초등학교 교사 이혜영은 아이 중심의 읽기 프로젝트를 운영하여 똘이(가명)라는 아이가 어떻게 교과서의 글을 읽게 되었고, 자연스럽게 학급 생활에서 자신감을 갖게 되었는지 담담하게 그려내고 있다. 광주신용중학교 교사 이운규는 수업관찰을 학생 중심으로 하면서 수업을 새로운 관점으로 접하게 된 경험을 나누고 있다.

이윤미 외 6인(2013)은 「서울 교육 발전을 위한 학교 혁신 방안 연구」에서 학생, 학부모, 교사를 대상으로 설문조사를 하였다. 서울 소재 초·중·고등학교 90개교를 대상으로 한 설문조사 결과 학교의 시설 및 여건, 분위기, 구성원에 대한 인식, 학교의 교육 혁신에 대한 인식, 학교 만족도 및 정의적 성취 비교에서 혁신학교 학생들이 일반 학교 학생들보다 긍정적으로 인식하는 것으로 나타났다.

전북교육정책연구소에서 수행한 학교효과성 분석에서도 학생 부분을 보면 미래핵심역량, 수업공동체, 교육만족도에서 학교급별로 정도의 차이가 있지만 2012년 조사가 시작된 이래 2016년까지 혁신학교 학생들이 일반 학교 학생들보다 대체로 긍정적으로 인식하고 있다(엄정영 외 4인, 2013; 정태식·조무현, 2013; 박성자·조무현, 2014; 서영민·박성자·조무현, 2015; 서영민·조무현·박성자, 2016).

학생들이 지각한 혁신학교에 대한 연구가 부족함을 알고 특히 학생들만을 대상으로 한 김영주, 이상신, 김종민(2015)의 연구에서는 초등학생이 지각한 학교 호감도 차이를 분석했는데, 호감도를 나타내는 10개 영역에서 혁신학교 학생들이 일반 학교 학생들보다 높은 호감도를 나타냈다. 또 고등학생들을 대상으로 자기주도 학습 능력, 생활관리, 진로성숙도, 학교만족도 변화의 차이를 조사한 박춘성과 김진철(2016)의 연구에서는 학교만족도 부분에서만 혁신학교 학생들이 일반 학교 학생들보다 만족도가 높게 나타났고 나머지 영역에서는 유의미한 차이가 나타나지 않았다.

이상과 같이 혁신학교에 대한 다양한 연구에서 혁신학교의 성과가 드러나고 있으며 이러한 성과는 학교교육 전반에 걸쳐 고루 나타나고 있다. 특히 학생들을 대상으로 한 연구에서는 학교급 및 조사 영역별로 약간의 차이는 있지만 대체로 혁신학교 학생들이 일반 학교 학생들보다 만족도가 높게 나타났다.

그런데 이러한 연구들은 혁신학교 전반에 걸친 성과 분석이거나 학생들을 대상으로 하는 양적 연구가 주를 이루고 있다. 양적 연구에서는 여러 조사 영역에서 혁신학교 학생들의 인식 정도를 조사했다. 혁신학교 정책이 정착한 지금의 시점에서는 혁신학교에서 혁신교육을 받은 학생들이 학교를 졸업하고 상급 학교에서 생활하면서 자신들이 과거에 받았던 혁신학교 교육을 어떻게 인식하고 있는지 또 자신의 삶이 어떻게 변했는지 살펴본다면, 혁신학교 교육의 가능성과 가치에 대한 새로운 시각을 제공할 수 있을 것이라는 생각을 가지고 학생들에게 물어보았다.

2. 아이들에게 묻다

혁신학교를 졸업한 학생들이 혁신학교를 어떻게 인식하는지 심도 깊게 알아보기 위해 질적인 접근 방법을 사용했다. 혁신학교를 졸업한 4명의 학생을 대상으로 심층면담을 했다. 필요한 경우 친구들과도 면담했고 그 학생들을 가르쳤던 교사 4명과도 면담함으로써 그 당시 상황을 포괄적으로 바라보고자 했다.

전북지역에서 초기에 혁신학교 정책이 시작된 학교에서 대상을 선정하기로 했다. 대상자는 초등에서 2명, 중등에서 2명으로 했다. 1기 학교에서 졸업생 중 연락이 닿는 학생이 있는 학교 및 학생을 선정하기로 하고 각 학교 및 그 당시에 근무했던 선생님과 연락을 취했다. 1기에서는 혁신학교가 초등학교 12개교, 중학교 7개교에 불과하고 또 5년의 세월이 흘러 연락이 닿는 적절한 인물을 찾기가 쉽지 않았다. 초등학교에서는 남원초등학교를 졸업한 오예진(가명), 장승초등학교를 졸업한 이현중(가명)을 선정했다. 중학교는 숫자가 많지 않아 대상 학교를 2기까지 확대했다. 그래서 1기에서는 전주덕일중학교를 졸업한 송준기(가명), 2기에서는 군산회현중학교를 졸업한 강미연(가명)을 선정했다.

오예진 학생이 다니던 남원초는 2016년 현재 19개 학급 400여 명에 이르는 규모지만, 1기 혁신학교로 지정된 당시에는 학년별로 2개 학급 총 12개 학급 규모였다. 예진이가 5학년이 되던 때에 혁신학교로 지정되었고 졸업할 때까지 혁신학교에서 2년 동안 생활했다. 예진이는 학생자치활동에 적극적이었으며 교우관계가 좋았다. 졸업 후 예진이는 남원에 있는 중학교를 거쳐 2016년 현재 고등학교 1학년이다.

이현중 학생이 졸업한 진안장승초는 2010년 13명으로 폐교 위기에 몰린 학교였는데 혁신학교로 지정된 2011년에는 57명으로 학생 수가 크게 늘었고 2016년 현재는 92명에 이르고 있다. 현중이는 2010년 12월 전주에서 열린 장승초등학교 학생모집 설명회에 엄마와 함께 참석하며 이 학교를 알게 되었다. 혁신학교 1년 차 때인 2011년에 현중이의 형(6학년)과 현중이(2학년)가 전학을 왔고, 현중이는 5년을 다닌 후 졸업하여 현재 전주에 있는 중학교에 재학 중이다. 2011년부터 전주에서 버스를 타고 학교를 다녔으며, 집안 형편은 어려운 편이지만 언제나 밝았다. 2012년 1월에 버스 타는 곳에서 멀리 떨어져 있는 효자동으로 이사를 가게 되었지만, 그래도 장승초등학교에 다녔다. 자전거를 타고 매일 60분 가까이 달려 인후동까지 가서 다시 버스를 40분 타고 진안까지 다녔다.

송준기 학생은 덕일중학교를 졸업했다. 준기가 중학교에 입학하기 1년 전에 덕일중은 혁신학교로 지정, 운영되고 있었다. 덕일중이 있는 곳은 30~40년 전에는 공단이 있어서 인구도 많고 활력이 넘치는 곳이었다. 지금은 침체되어 주변 환경이 매우 열악하다. 2006년 당시만 해도 한 학년에 8학급이었는데 2010년에는 4학급으로 절반 규모로 줄어들었다. 2011년에는 덕일중학교에 120명의 신입생이 배정되었지만 학교에 다니기로 한 학생은 준기의 누나를 포함해 60여 명에 불과했다. 이 같은 위기를 극복하기 위해 덕일중학교는 혁신학교를 추진하게 되었다. 준기는 초등학교 때 친구관계에 어려움을 겪고 있었는데 혁신학교에 1년 먼저 다닌 누나의 적극적인 권유로 2012년에 덕일중에 입학했다. 혁신학교를 3년 다닌 준기는 2016년 현재 고등학교 2학년이다.

강미연 학생은 회현중학교를 졸업했다. 미연이는 원래 체육중학교를 희망했으나 부모님의 반대로 가지 못하고, 미연이가 다니던 테니스클럽에서 만난 아저씨가 전해 준 회현중 소개 팸플릿을 보고 학생들의 활동이 활기찬 것 같아 일단 회현중에 입학하기로 했다. 학교를 다니다가 성적이 우수하면 원하는 대로 체육중학교로 전학하기로 부모님과 약속했으나, 입학 이후 마음이 변해 계속 다니게 되었다. 회현중은 혁신학교로 지정되기 전인 2011년에 학생 수가 70여 명으로 감소해 폐교가 거론되었는데, 위기 극복을 위해 학생들의 학교생활이 한껏 즐겁고 행복하도록 학교 운영에 변화를 시도했었다. 회현중은 미연이가 중3이 되던 2012년에 혁신학교로 지정받으면서 교육과정에 배움 중심의 철학을 도입했다. 2016년 현재 학생 수 241명으로 안정적으로 학교가 운영되고 있다. 미연이는 회현중을 졸업한 후 일반계 여고에 진학했으며 졸업 후 2016년 현재 대학 1학년으로 휴학 중이다.

3. 아이들이 답하다

"혁신학교는 내 인생의 터닝 포인트가 되었다."

이번에 만났던 여러 교사와 학생들에게서 나온 공통적인 이야기이다. 짧게는 1년, 길게는 5년의 혁신학교 생활을 한 학생들은 자기 삶이 변화하기 시작했던 그 시절을 돌아보며 '가장 좋았던 시작'이었다고 말한다. 학생들의 이야기를 분석하고 부호화하면서 최종적으로 범주화한 키워드는 진짜 공부, 관계, 공동체이다.

가. 진짜 공부를 하다

혁신학교를 둘러싼 여러 가지 논란 중에서도 유난히 뜨거운 것은 바로 성적이다. 평소에는 잠잠하다가도 수능 결과나 기초학력평가(일명 '일제고사') 결과가 나올 때마다 어김없이 튀어나온다. 혁신학교에서 학생들은 자신이 원하는 것을 할 수 있어서 행복하다고 말한다. 하지만 막상 시험 결과 성적이 떨어지면 혁신학교에 부정적인 쪽에서는 이렇게 비난을 한다. 놀게 하니까 학생들이 즐거워하는지는 모르겠지만 정작 학력 (정확하게 말하자면 점수)은 떨어진다고. 이러니 혁신학교 정책을 추진하는 시·도 교육청 차원에서는 학력 문제에 민감할 수밖에 없다. 전북교육청에서는 학생들의 배움의 결과를 성적으로만 바라보는 것에 이의를 제기하며 학생들이 '지식 위주의 학력을 넘어서 지식, 가치와 태도, 실천이 조화를 이루어 공동체와 더불어 행복하게 살아가는 힘'으로 참학력을 강조한다(전라북도교육청 참학력지원센터, 2015).

혁신학교에서 학생들은 수업과 학교생활에 더욱 적극적으로 참여하며 스스로 배움을 만들어 간다. 예진이는 남원초의 수업이 재미있었다면서 매번 토론식으로 진행된 수업이 기억에 남는다고 말했다.

> 토론! 토론이 제일 기억에 남아요. 모든 수업이 다 토론으로 진행돼 가지고. 찬반도 아니에요. 찬반도 정해져 있잖아요. 찬성 반대로 정해져 있는 것이 아니라, 그냥 각자 의견이에요. 토의(예요). (그런데) 토론이라기보다. 그러니까 정해진 것이 아무것도 없는. 이 문제에 대하여 어떻게 생각하느냐고 선생님이 질문을 던지고. 주장이 너무 과열되면 중재만 하는 식으로. 애들이 항상 결과를 내고 그런데 결과가 약간 삐틀어졌다 하면 (선생님이) 이런 것은 이런 게 좋은 것 같아. 애들도 인정하게끔 설명도 해 주시고….
>
> 남원초 오예진

수업 시간이 학생 중심으로 변하자 학생들은 자신들에게 닥친 문제나 더 관심이 가는 문제에 대해서 주체적으로 반응하고 행동하게 되었다. 학생들의 적극적인 활동은 학교 안팎을 넘나들었다. 예진이의 담임 선생님도 그랬지만 예진이도 수업의 일환이었던 '시장 살리기 프로젝트'가 가장 기억에 남는다고 했다. 시장 살리기 프로젝트는 지역연계 수업이었는데 남원초 부근의 시장과 연계하여 수업이 진행되었다. 학생들은 벽화와 간판을 그리고 UCC와 지도를 만들었다. 간판을 만들기 위해 가게 할머니와 여러 번 대화를 했다. 나중에는 학예회도 아예 시장에서 했다. 이렇게 학생들은 교사가 알려 주는 대로 그 안에서만 배우는 수동적 존재가 아니라 서로 도우면서 더 많은 것을 배우는 배움의 주체가 되어 갔다.

시장 살리기 캠페인도 했었거든요, 저희가. 여기 공설시장이 있잖아요. 공설시장에 가면 벽화가 있어요. 그거 저희가 그린 거예요. 가게들을 맡아 가지고 간판 그리기를 해요. 근데 저희는 시장을 배경으로 UCC를 찍고. 막 춤추고, 노래하고 연기 같은 것도 하고 그러면서 시장을 되게 많이 갔어요. 할머니랑도 친해져야 하고. 그리고 저희는 간판을 그려 드려야 하니까 할머니랑 인터뷰하면서 그 가게의 특징이 뭘까 이런 걸 생각을 하는 거예요. 자유학기제처럼. 할머니랑 가게 특징을 살려서 간판을 그린다든지. 그래 가지고 지도를 만들었어요. 간판을 넣어 가지고.

시장에 별로 안 가고, 저희가 할머니들이랑 말할 일이 없잖아요. 그런데 그런 애들도 되게 많이 말하고 친해지고. 저희가 학예회도 시장 주차장에서 했어요. 그래서 시장 할머니들이 오는 거예요. 보러. 엄마. 아빠들도 오고. 지금 생각하면 어떻게 그랬을까 싶은데…. **남원초 오예진**

몸으로 겪지 않으면 자기 것이 되기 어렵다. 교사들은 학생들이 자기

주도적으로 배우며 성장하길 바란다. 학교생활에서 자기주도적인 태도를 갖게 된다면 상급 학년으로 가서, 언젠가는 자기 꿈을 이루기 위해서 공부할 수 있으리라 믿기 때문이다. 학생이 자기주도적인 사람이 되려면, 스스로 일을 계획하고, 처리하고, 정리하는 경험을 자주 가져야 한다. 이와 같이 작은 일을 자기주도적으로 자주 경험하게 되면 몸이 기억하게 된다. 현중이는 장승초등학교를 다니며 이런 일을 몸이 경험했다고 기억한다. 그곳에서 현중이는 자존감, 자기 효능감, 자신감, 세상을 보는 긍정의 마음을 몸으로 겪는 공부를 했다.

현중이는 아침마다 자전거를 타고, 이동교에서 진북터널을 거쳐 모래내시장을 지나 안골까지 가서, 학교 버스를 타고 진안으로 등교했다. 현중이는 2학년 때 장승초로 전학 가기 전까지 글자를 모르고 무엇인가 도움이 필요한 아이라는 낙인이 찍힌 채 1년을 보냈다. 이러한 아이가 인터뷰하고 있는 어른에게 "선생님의 꿈은 뭐예요?"라고 당당하게 질문을 한다.

현중이의 기억 속에 장승초는 '자유를 만끽하는 공간'이었다. 학교는 가두는 공간이 아니라 자유를 주는 공간이다. 현중이는 장승초에서 하고 싶은 일을 마음껏 했는데 이것이 우리가 말하는 공부일 것이다. 자유로운 활동을 하면서 현중이는 규칙을 왜 지켜야 하는지도 체득했다. 이런 생각을 자연스럽게 이야기할 수 있는 것은 현중이가 몸으로 공부를 했기 때문이다.

제가 궁금할 때는 마음대로 할 수 있어서 좋았어요. 어, 뭐냐, 식물도 관찰하고 싶으면요. 과학실에 현미경이 있잖아요. 그거를 허락을 맡

고 쓸 수 있어서 제일 좋았어요. 허락만 맡으면… 근데 여기 (중)학교
는 못 해요. 제한이 있어요.

　이런 일에는 한계가 있어요. 쉬는 시간에는… 공부는 규칙 같은 것
은 지켜야 해요. 그리고 예의도 지켜야 해요. 이런 것은 아주 중요한 것
이에요. 지켜야 돼요. 이것만 지키면 자유로워져요.　　　　장승초 이현중

　현중이가 장승초에서 했던 벼농사, 물놀이, 학교에서 한 뒤뜰 야영,
자전거 타기, 지리산 종주, 한라산 등반 같은 다양한 활동은 글쓰기와
함께였다. 글쓰기를 통해 체험이 더욱 내면화되었다. 장승초로 전학 오
던 2학년 때까지 글도 제대로 읽지 못했지만 어느덧 중학생이 된 지금
초등학교를 돌아보며 공부하고 체험하고 글 쓰는 일이 가장 소중한 일
이었다고 한다.

질문자　초등학교에서 배웠던 일이… 지리산, 벼농사, 텃밭… 마당,
　　　　　동아리… 사회도 보고… 근데, 공부 끝나고 킹콩 선생님은
　　　　　항상 글을 쓴다고 하더라고.

이현중　그래요. 저 그거 엄청 좋아해요.

질문자　왜 좋아해? 다른 친구들은 싫어할 수 있는데.

이현중　그래요? 근데 다른 애들은 몰라도 저는 좋아해요.

질문자　좋아, 왜 좋을까?

이현중　쓰면서요. 내가 그때 뭐했고, 뭐했고… 생각하면서 쓰니까
　　　　　즐거워요. 그리고 다시 생각이 나고요. 생각난 게 다시 오래
　　　　　가요.　　　　　　　　　　　　　　　　　　　　　장승초

덕일중학교를 거쳐 고등학생이 된 준기는 중학교 때의 소중한 경험으로 독서를 꼽는다. 덕일중학교는 당시 국어 교사의 노력으로 도서관을 정비했다. 혁신학교였기에 사서 교사가 있었고 덕분에 도서관이 잘 운영되었다. 그리고 학생들이 중심이 되어 만들어 가는 독서토론부와 독서교실이 있었다. 독서토론부는 사서 교사의 도움을 받으며 한 달에 두 번씩 모여서 독서토론을 했다. 독서교실은 방학에 3일간 운영되었다. 인물청문회, 토론, 골든벨, 책 표지 디자인, 영화 보기 등 독서와 관련된

독서교실

시간 \ 날짜	7월 24일	7월 25일	7월 26일
08:00~08:30	멘토 집결		
08:30~09:00	독서교실 참가자 집결		
09:30~09:45	친해지기 & 모둠활동 •지도교사: 모○○	인물청문회 「초콜릿 레볼루션」 •지도교사: 서○○	토론회 〈의무투표제를 도입해야 한다〉 •지도교사: 김○○
10:00~11:00			
11:00~12:00	독서빙고 강의 •지도교사: 모○○		
12:00~13:00	점심	점심	점심
13:00~14:00	독서빙고 「동물농장」 「초콜릿 레볼루션」 •지도교사: 모○○	연극 「동물농장」 •지도교사: 모○○	영화 읽기 특강 •외부강사: 신○○
14:00~15:00	민주주의 특강 및 덕일인권선언 만들기 •지도교사: 손○○		영화 읽기 「스윙보트」
15:00~16:00			
16:00~17:00		독서신문 제작	소감문 작성 및 상품 전달, 집으로
17:00~	집으로~	집으로~	

다양한 활동을 하는데 여기에 졸업생들이 참여했다. 지금도 준기는 졸업생 멘토로 독서교실에 참여하면서 후배들을 돕고 있다.

> 독서토론이 기억나요. 전통을 갖고 내려오고 있는 거죠. 자율 동아리면서도… 졸업생은 독서교실에서 멘토로 참여하고 있어요. 오늘도 바로 그 모임을 하다가 왔어요.
> 덕일중 송준기

초등학교 때 도서관을 주로 만화책을 빌리거나 읽는 곳으로 활용했던 준기는 중학교에 와서도 처음에는 새로운 웹툰 때문에 드나들었다. 그러나 점차 새로운 책들에 매료되기 시작했고, 나중에는 반에서 책을 가장 많이 빌리는 학생 그룹에 속하게 되었다. 그러다가 어느덧 여러 가지 명작도 읽고 있는 자신을 발견하게 된다.

준기가 생각할 때 고등학교는 공부의 양이 방대해지므로 이해가 안 되면 따라가기 힘든데 이럴 때 가장 큰 도움이 된 것이 독서였다. 중학교 때 이루어진 다양한 수업으로 공부에 대한 흥미가 높아졌고, 많은 독서로 이해력도 늘었다.

같은 테니스장에 다니던 아저씨의 소개로 회현중학교에 입학한 미연이는 처음에는 한쪽 발만 담근 상태였다. 체육중학교에 가려다, 1등을 하면 체육중학교로 전학을 보내 준다는 엄마의 다짐을 받았기 때문이다. 그런데 회현중학교에서 자유로우면서도 체계적인 다양한 수업을 접하면서 '처음으로 제대로 공부를 해 본다는 느낌'이 들었다고 말한다.

> 처음엔 좋았어요. 왜냐면. 진짜, 완전 혼란스러웠다 싶을 정도로 자

유로웠거든요. 처음에 딱 계절학기 했을 때, 그래서 맨날 운동장에서 캐치볼 하고, 복도에서 축구 하고 그랬던 기억이 나요. (그런데) 되게 뭔가 프로그램이 체계적으로 딱딱 짜여 있었단 말이에요. 영어 수업이든 독서토론이든. 그러니까 처음으로 이렇게 제대로 된 공부를 해 본다는 느낌이 들었던 것 같아요.

회현중 강미연

회현중은 존폐 위기에서 즐거운 학교, 재미난 학교를 만들어 보자는 것에서 출발해 수업의 재구성과 역량 중심 교육과정으로 성장해 나갔다. 그 속에서 학생들은 한 줄로 세우는 공부가 아닌, 작지만 성공한 체험의 기회를 축적하면서 자존감을 키울 수 있었다. 학생들은 존중받았고 진지하게 자신의 삶에 대해 성찰하는 자세를 배우며 스스로를 채워 갔다.

일단 깊어졌어요. 생각하는 거나 어떤 행동을 할 때 그에 대해 먼저 내가 왜 이걸 해야 되는지… 아무렇게나 막살면 안 되겠다는 생각을 하게 해 준 것도 회현중학교였던 것 같고. 제가 무슨 일을 할 때, 이게 나한테 좋은 경험이 될 것 같으면 아, 못할 것 같은데도 이거는 뭔가 내 인생의 커리어가 되겠다 싶으면 그냥 해야겠다는 그런 마음이 생겼어요.

회현중 강미연

초등과 중등 그리고 지역도 다른 혁신학교였지만 그곳에서 생활했던 오예진, 이현중, 송준기, 강미연 모두 공부다운 공부를 했다고 생각하고 있었다. 학교마다 다양한 프로그램이 있었고 학생들은 주체적으로 참여했다. 토론식 수업과 협력을 중시하는 수업, 다양한 동아리나 학생회 활동이 있었다. 면담에 참여했던 학생들은 단순 지식이나 기능 습득만을 공부로 여기지 않고 그런 다양한 배움의 기회 속에서 자신들이 변화된 것을 진짜 공부로 여겼다. 좀 더 주체적으로 참여하는 모습, 삶을 통해 몸에 익힌 것, 그 당시에도 즐겼지만 더 큰 세상에서 활용하게 된 것, 생각이 깊어지는 것들이 학생들이 생각하는 진짜 공부의 과정이고 결과였다.

나. 따뜻하게 만나다

"따뜻한 분위기로 변했어요."

전라북도교육청에서 혁신학교 추진 지원 계획으로 발표한 '함께 만드는 우리 학교'에는 학교를 민주적 자치 공동체로 만들기 위해 다양한 실천 방안을 제시하고 있다. 몇 가지를 보면 다정한 학교 만들기를 위해 학생들에게 먼저 웃으며 인사하기, 눈 마주치고 대화하기, 다른 생각 존중해 주기 등이 있다(전라북도교육청, 2014). 또한 혁신학교의 학교효과성을 조사하는 설문지에서 학생들에게 교육만족도를 묻는 10가지 문항 중 다른 사람과의 관계에 관한 것이 다섯 문항이다(전라북도교육연구정보원 전북교육정책연구소, 2015). 모두 따뜻한 관계와 관련된 것이다.

학교는 학생들이 민주시민의 삶을 경험하는 최고의 공간이다. 그곳에는 학생과 학생 사이의 관계가 있고 학생과 교사 사이의 관계가 있다. 학생들은 학교에서 이루어지는 학생자치(다모임), (자율)동아리 활동, 교과 활동에서 자연스럽게 서로를 배려하고 서로의 차이를 존중하는 관계성을 체득한다.

현중이는 초등학교 때 학생자치(다모임) 사회를 본 것을 또렷하게 기억한다. 다모임은 모든 학생이 참여하는 회의이고 장승초에서는 사회를 돌아가면서 본다.

질문자 그때 다모임 사회 봤을 때 어땠어? 사회를 봐야 하는데.

이현중 떨렸어요. 근데요. 제가 참여를 했는데요. 진행이 안 되었어요. 그래서 결정도 안 되었고요. 엉망진창이었어요. 애들이 시끄럽게 해서요….

질문자 그래서 기분이 어땠어?

이현중 음… 화나지는 않았고요. 제가 좀 못한다고 생각했어요.

질문자 만약에 다시 또 사회를 본다면 잘할 수 있을까?

이현중 네에~

질문자 진짜 잘할 수 있을까?

이현중 네에. 잘할 수 있을 것 같아요.

질문자 그 잘할 수 있다는 생각은 옛날에 6학년 때 사회를 봤기 때문에….

이현중 그렇죠. 그리고요. 제가 사회를 보는데. 킹콩 선생님이요. 제가 뭘 틀렸고, 틀린 것은 이렇게 하면 된다고 해 가지고, 음… 이렇게 하면 되는구나 하고 깨달았어요.　　　장승초

현중이는 킹콩 선생님을 무서우면서 친구 같은 선생님으로 기억한다. "저에게 화를 내는 이유도 알고, 왜 화를 내는지도 알고, 그 덕분에 내

가 이렇게 하면 안 되고, 이렇게 하는 것이 더 좋고… 그리고 선생님 덕분에 많은 거를 알게 되었어요."선생님과의 긍정적인 관계는 자연스럽게 긍정적인 교우관계로 이어졌다.

장승초에서는 학생들과 함께 지리산 둘레길에 가는 것부터 시작해서 가장 길게는 3박 4일 동안 지리산 종주를 한다. 학생들은 스스로 쌀을 가져와야 하기 때문에 배낭이 제법 무겁다.

이현중 네. 제가 도와줬어요. 다른 애들.

질문자 어떻게 도와줬어?

이현중 5학년 남자애가 있었거든요. 개가 너무 체력이… 어, 그 조를 나눴거든요. 그래서 그 조끼리 같이 가야 하는데, 그 남자애가 체력이 약해서, 제가 가방을 들어 줬어요. 그래서 조금만 올라간 다음에 선생님이 안 된다고 해서 가방을 다시 돌려줬어요.

질문자 그 5학년 동생이… 현중이는 형아였잖아. 동생이 도움을 받고 뭐라고 하지 않았어?

이현중 고맙다는 말을 했죠.

질문자 그때 현중이의 느낌, 동생을 도와준 느낌은?

이현중 뿌듯했어요.   장승초

서로 살피는 삶을 학교에서 경험한 현중이는 중학교에 가서도 친구들과 좋은 관계를 유지하고 있다.

그러고요. 제가 너무 착해서요. 그래서 중학교 처음 갔을 때는요. 처
음에는 아무 말도 안 했어요. 근데 일주일이 지난 다음에요. 인사를
했어요. 그래서 인사를 하고… 학교생활이 좋아요. 친구들도 좋아요.

장승초 이현중

남원초에서 학생들은 협력이 강조되는 다양한 활동을 하면서 지금까
지는 경험해 보지 못했던 깊은 친밀감을 형성해 갔다. 예진이는 얼마 전
에 현재 다니는 고등학교에서 학생회장 선거를 끝냈는데 그 과정에서
소중한 친구들의 덕을 톡톡히 보았다. 이것은 어떻게 가능했을까? 예진
이는 혁신학교 생활에서 늘 친구들과 대화하고 같이 어우러져 활동하
는 과정에서 생긴 친밀감이 있었다고 한다.

누구나 관계의 소중함을 말하지만 예진이는 삶을 통해서 배웠다. 남
원초의 다양한 활동 속에서 학생들은 친구들과 같이하는 법을 배웠다.
예진이 담임교사의 수업은 대체로 협력수업이 많았고, 학생들은 토론수
업과 동아리 활동, 자치활동을 통해 서로를 소중히 여기는 마음을 키워
나갔다.

예진이의 담임교사는 학생들 사이에서 왕따가 없었다고 말한다. 또
누구를 차별하는 일이 생기면 아이들이 적극적으로 대응했다고 한다.
그래서 왕따를 시키려는 학생이 더 이상 차별하는 말이나 행동을 할 수
없었다. 문제가 생기면 교사는 늘 두 아이를 불러다 놓고 이야기를 나누
게 하고 해결하도록 했다.

왕따가 거의 없었던 것으로 알아요. 각 학교를 떠돌았던 애가 있었

어요. 그런 애가 남원초에 정착을 해서 졸업했거든요. 떠돌 만한 애들도 심하게 괴롭힐 수가 없는 환경이에요. 선생님은 그 애랑 실질적인 따를 시킨 애랑 둘이 이야기를 하게 하는 거예요. 비록 수업 시간이라 하더라도 둘이 이야기를 하게 하고 선생님이 중재를(했어요). 문제를 해결하려고 하고, 화해를 하고 나오게끔. 응어리가 있을 때 말없이 넘어가고 그런 것보다 그렇게 해결을 해 놓으면 더 이상 그 문제 가지고 말하지 않잖아요. 그래서 왕따가 없었던 것 같아요.   남원초 오예진

학생들 사이의 관계 못지않게 교사와 학생의 관계도 좋았다. 교사들은 학교에 어떤 행사가 있어 늦은 시각까지 있어야 하는 학생이 있으면 학생들을 위한 프로그램을 만들었다. 이런 모습은 담임 선생님이나 옆 반 선생님과의 관계에 국한되지 않았다. 교장 선생님도 학생들과 긍정적인 인간관계를 형성하는 데 도움을 주었다. 동아리 활동에서 산행부였던 예진이는 교장 선생님과 함께 했던 좋은 경험이 있다. 늘 이야기를 들어 주는 교장 선생님 덕분에 사람을 대하는 법을 배웠다.

전 산행부였어요. 움직이는 걸 되게 싫어하는데 친한 친구의 권유로 가게 됐는데 교장 선생님이 항상 같이 가셨어요. 아이들한테 사과랑 오이를 가져와야 한다고 이야기해 주셨어요. 그래서 항상 챙겨서 등산을 가게 됐어요. 등산을 하다 보면 알게 되는 게 있어요. 등산을 하다 보면 점점 지치게 돼요. 뒤쪽에서 걷고 계속 뒤처지면 더 힘들고 앞쪽에서 걸어야 덜 힘들다는 걸 깨닫게 돼요. 등산 중에 만나는 할아버지들이 사탕을 주시곤 했어요. 나중엔 저희가 사탕을 챙겨 가서 나눠 드

리기도 했어요. 또 좋았던 점은 등산하면서 교장 선생님과 이야기를 많이 하게 됐어요. 학교생활 중 힘든 게 있었는지 저희들에게 물어보시기도 하셨어요. 그러다 보니 교장 선생님과 친해지게 되었고, 교장실에 찾아갔을 때 대금을 불어 주시기도 하고, 단팥빵을 주시기도 했어요.

남원초 오예진

덕일중에서 준기는 학생들이 혁신학교에서 배운 것 중 관계 형성이 가장 크다고 했다. 초등학교 때 선생님이 경찰을 부를 만큼 큰 사건이 있었고 친구들과의 관계 형성이 너무 힘들었는데, 이러한 왕따 경험 때문에 중학교에서는 잘할 수 있을까 하는 두려움이 있었다. 그때 혁신학교로 진학하면 좋겠다는 누나의 조언을 받아들여 혁신학교에 왔다. 덕일중에서 연극부, 선도부를 하고 3학년 때에는 실장도 하게 되었다.

저는 초등학교 때 좋은 기억이 없거든요. 저는 성격이 특이한 편이었어요. 많이 내성적이었고 애들하고 취향도 다르고… 제가 봐도 저는 애들하고 어울리기에는 좋은 성격이 아니었던 것 같아요. 왕따 문제도 있었고. 초등학교 5학년 때 심지어 제 왕따 문제 때문에 경찰이 학교로 오기도 했어요. 그 사건에 연루된 아이들이 저에게 사과를 했어요. 덕일중에 온 이유는 누나가 좋다고 해서이기도 했지만 초등학교 때 친구를 피하고 싶어서였거든요. 그때 보면 우리 학교에서 온 학생이 저하고 다른 친구 딱 한 명밖에 없어요. … 와 가지고 새 삶을 시작해 보자 하는 그런 마음으로 왔어요. 저는 많이 변한 것 같아요. 여기에 와서는 과거에 제 성격이 다른 아이들과 어울리기에 안 좋았고. 처신을

잘못했다는 것을 알고 인정하게 되었어요.   덕일중 송준기

그 후 준기는 초등학교 친구들을 고등학교에서 다시 만나게 되었다. 하지만 예전과 같은 두려움은 사라졌다. 중학교 때 책을 많이 읽고 인간관계를 어떻게 해 나가야 하는지를 배웠기 때문이라고 했다. 중학교 때, 친구와의 갈등 해결 방법은 대화라는 것을 알게 되었고, 화를 내지 않는 법을 배웠다고 한다. 예전에는 친구의 생각이 내 생각과 다르면 배척했지만, 이제는 천천히 듣고 인정할 줄 알게 되었고 내 의견을 논리적으로 말할 수 있게 되었기 때문이다.

미연이는 회현중에서 모둠원이 함께하는 수업 속에서 처음에는 싸우기도 하고 부족한 친구를 탓하기도 했었는데 점차 따뜻한 분위기로 변하는 게 눈에 보였다고 한다. 사실 모둠 수업을 하게 되면 무임승차하는 아이들과 그 속에서도 또 순서를 매기려는 행동들이 나타나기 마련인데, 아이들은 스스로 성장하고 있었던 것이다.

기억에 남는 수업은… 국어 수업이랑 역사 수업이 있었는데, 그 수업은 수업 전에 조원들끼리 나눠서 과제를 해서 준비를 해 와야 되는 수업이었어요. 그런데 조 중에 한 명이 준비를 안 해 오면 조 점수가 깎였거든요. 그래서 처음에는 조원들끼리 싸우기도 하고, 좀 부족한 친구를 탓하고 막 이런 게 많았는데, 근데 그런 게 되게 갈수록 따뜻한 분위기로 변하는 게 보였어요.   회현중 강미연

교사들은 '한 번 더 참고, 한 번 더 기다리자'는 생각으로 서로서로

격려하며 그 어려운 과정을 함께 해냈다. 사실 누구에게나 기다리는 것은 쉽지 않다. 특히 교사들에게는 더욱 그렇다. 짧은 시간 안에 지식을 전달하고 성적, 진학 등 성과를 내야 한다는 부담감이 있기 때문에 학생들의 성장과 변화를 기다리기 쉽지 않다. 동료들과 함께하는 문화만이 그 어려운 것을 해내는 힘이 되었을 것이다.

이러한 관계 속에서 아이들은 어쩌면 간섭이라고 말할 수도 있는 교사의 세심한 지도를 진심으로 받아들이고 친구들이 점차 변화하는 모습을 보면서 감동했다. 학교 안에서 아이들은 교사들로부터 큰 사람 대접을 받았다. 존중받은 아이들이 다른 사람을 존중할 줄도 아는 사람으로 성장하는 것 같다.

다. 공동체가 살아나다

'가고 싶은 학교 행복한 교육공동체'는 학교를 향한 전라북도 교육 주체들의 꿈이며 이것을 현실화하려는 것이 혁신학교 운동이다(정태식, 2015). 전라북도 학교 혁신의 두 가지 추진 목표는 민주적 자치 공동체와 전문적 학습공동체의 형성이다. 혁신학교에서 진짜 공부를 하고 다른 사람과의 관계가 소중하다는 것을 알게 된 학생들은 공동체가 살아나는 경험을 한다.

남원초에서 예진이는 토론식 수업과 프로젝트 수업, 학급자치활동을 하면서 친구들과 자연스럽게 어우러졌다. 학생들의 주체적인 활동은 자치활동으로 꽃을 피웠다. 지금까지의 학급어린이회의 형태를 완전히 벗어 버린 민주적인 활동이었다. 학생들은 자신들의 문제를 자신들이 협의하고 결정했다.

> 학급회의요. 진짜 많이 했어요. 학급회의가 정확히 지켜지는 학교가 많이 없어요. 매주 금요일에 항상 진행했어요. 초등학교 때 했던 학급회의가 진정한 의미의 학생회의였던 것 같아요. 중학교 때는 거의 회의가 진행되지 않았고, 고등학교 학급회의는 학생들끼리 결정된 사항이 있어도 결국 위에서 결정하는 대로 이루어졌어요. 저희들의 의견이 묵살됐다고 생각해요. 그래서 학생들도 우리가 회의를 해도 우리 의견이 반영되지 않을 것이란 걸 알게 돼요. 하지만 초등학교 때는 저희들이 정한 의견들이 실제로 반영되었어요. 그랬기 때문에 아이들이 더 자기의 주장을 정확하고 분명하게 이야기했었어요. **남원초 오예진**

남원초의 공동체는 교육과정의 프로젝트 수업을 통해 학교 인근의 시장 가게 아주머니들과도 이어졌다. 요즘 혁신교육에서 관심을 기울이고 있는 마을공동체를 이미 체험했던 것이다. 혁신학교의 공동체는 지금도 이어지고 있어서 고등학생인 예진이는 초등학교 친구들과 이야기를 나누고, 초등학교 때 선생님과 종종 연락을 한다. 예진이의 쌍둥이 동생은 고등학교에서 자서전 쓰기 프로젝트를 하며 그 당시 간판을 그려 주었던 시장의 가게 할머니를 다시 만나고 있다고 한다. 학교의 울타리를 넘어서는 공동체, 시간을 넘어서는 공동체이다. 이것이야말로 우리가 꿈꾸는 아름다운 공동체의 모습이다.

덕일중에서 준기를 인터뷰한 날은 졸업생과 재학생이 만나는 날이었다. 이 학교에서는 독서교실을 매개로 졸업생 멘토가 재학생을 계속 만났고, 이들의 지적·정서적 성장이 이루어지고 있었다. 동반성장이 일어나는 이곳이 바로 공동체가 아닐까 싶다.

물론 공동체는 학생자치에서 시작한다. 교사는 처음부터 자치를 한 것은 아니라고 했다. 행사를 준비하면서 담당 교사는 학생들을 소집했다. 준기가 교사에게 이런 말을 했다고 한다. "선생님, 그렇게 혼자 다 정하실 것 같으면 뭐 하러 우리를 부르셨어요? 선생님이 다 하시지?" 순간 교사는 망치로 머리를 맞은 기분이었고 그다음부터는 학생들에게 많은 것들을 맡기게 되었다고 한다. 물론 학생들에게 맡기게 되면 완성도가 떨어진다. 연극을 준비하는 것도 학생들이 모든 것을 했다. 처음에는 안 되는 것 같아도 한 반에서 한 개씩 무엇인가를 그들만의 방식으로 만들기 시작했다. 3학년 어느 반의 연극을 보고 이런 반응이 나왔다고 한다. "선생님, 솔직히 이건 연극도 아니고 주제도 없어요. 하지만 재미있었어요." 학생들에게는 그것이 재미있었던 모양이다. 학생들이 무엇인가 준비하는 과정에서 배우고 즐거웠다면 된 것이 아닌가! 교사는 그제야 학생의 눈으로 보는 법을 배우기 시작했다고 한다. 이날부터 교사는 학생을 기다려 주는 학생자치를 할 수 있게 된 것이다.

회현중학교 학생들은 학생자치를 실현해 볼 기회를 얻었으며, 미연이는 중학교 때 경험을 바탕으로 고등학교 학생회장으로서 학교 안에서 작은 변화를 이끌어 낸 경험이 있다. 가정의 날이라고 '한 달 한 번 야자 없는 날'을 만들었는데, 이걸 해내기까지 어려운 시간들을 겪었다. 그런데 그때 만들어진 가정의 날이 미연이가 고등학교를 졸업한 후에도 계속되고 있다.

강미연 전에는 학교 시설을 막 바꾼다, 뭐 규정을 완화한다, 이런 거에만 그쳤던 것 같은데… 제가 대단한 거 한 건 아닌데, 자율 동아리 이런 거 활성화할 수 있게 만들었고, 그다음에 한 달에 한 번 보충 야자 없는 날을 만들었어요.

질문자 근데 그런 걸 선생님들이 받아 주셨어요?

강미연 네. 6개월쯤 뒤에 해 주셨어요.

질문자 공약으로 내걸었던 건가요?

강미연 네. 가정의 날 이런 거 가지고.

질문자 가정의 날? 엄마, 아빠하고 저녁 먹는 날. 그러면 선생님들이 6개월 만에 들어 주신 거잖아요. 어려운 점은 없었어요?

강미연 어려움 점도 있었던 것 같아요.

질문자 뭐가 어려웠어요?

강미연 막 그거 한다고 뭐 들고 다니면 담임 선생님은 되게 싫어하셨어요. 공부해야지 이런 거는 대학 가는 데 아무 도움도 안 된다고. 그렇게 해서 혼나기도 했고. 제가 인제 이거를 하려면 교장 선생님은 일단 니 성적이 좀 돼야 이런 걸 하지 않겠냐고. 해서 공부도 해야 되는데… 아, 그리고 친구들이 이거 이렇게 하는 것을 몰라줄 때 조금 서운했는데, 근데 알아 달라고 하는 거는 아니니까. 나중에는. 지금도 가정의 날이 이렇게 이어져 오고 있는 것을 보면 그럴 때 뿌듯해요.

회현중

이런 경험 하나하나가 공동체 구성원으로 살아가는 데 훌륭한 자산

이다. 미연이가 다닌 회현중도 학급 대표들이 모인 학생자치는 훌륭한데, 기초 자치쯤에 해당되는 학급자치는 여전히 어려움을 겪고 있다고한다. 바로 이 지점이 학생들의 공동체 활동을 위해 혁신학교들이 좀 더노력해야 할 부분이다.

장승초등학교는 '스스로 서서 서로를 살리자'는 교육 목표로 학교교육과정을 운영하고 있다. 스스로 선다는 것은 자립을 가리키며, 이는 주인의 삶을 말하는 것이다. 내가 내 삶의 주인임을 안 다음에라야 서로살리는 공동체가 가능하다. 학생들은 학교에서 공동체를 경험한다. 이런경험은 교육과정 속에서 이루어지며, 현중이는 학교의 교육과정에 참여하며 초등학교 차원의 공동체를 경험했다. 학교가 공동체가 되려면 교육 주체들의 대화와 소통이 반드시 필요하다. 각 주체들이 이루고자 하는 것이 서로 다르면 이를 조율해야 한다. 서로의 만족을 위해서 양보도필요하다. 이는 공리를 바탕으로 함께 만들어 가는 것이다.

혁신학교의 학생들은 혁신학교의 문화를 온몸으로 받아들이고 있었다. 혁신학교의 학력 저하에 대한 우려 어린 시선에 대해 학생들이 내린결론은 '혁신학교는 옳다'였다. 그들은 삶에서 필요한 것을 경험을 통해배우는 진짜 공부를 하고 있었으며, 친구들과의 관계 속에서 배우며 공동체를 형성해 갔다. 이들은 학교가 좋았다고 한다. 자기가 하고 싶은 일을 찾아서 즐겁게 했더니 행복했고 그러한 경험이 쌓여서 학교를 졸업한 이후의 삶에도 긍정적인 영향을 끼쳤다.

2장

진짜 공부를 하다

1. 진짜 공부?

가. 진짜 공부란 무엇인가?

'10대, 꿈을 위해 공부에 미쳐라', '20대, 공부에 미쳐라', '30대, 다시 공부에 미쳐라', '40대, 다시 한 번 공부에 미쳐라'도 모자라 '공부하다 죽어라', '공부 중독'이라는 제목의 책들이 있다. 이 책들이 말하는 공부는 도대체 무엇을 의미할까?

사실 공부工夫라는 말의 뜻은 활자화된 지식의 주입만을 의미하진 않는다. 기술, 지식을 의미하는 공工과 그것을 배우고 익힘, 즉 내 것으로 만들어 사용할 줄 아는 부夫가 합쳐진 말이다. 그동안 우리 교육은 지식 중심의 공工을 지나치게 강조한 나머지 지식의 사용이나 활용의 부夫를 소홀히 여기는 경향이 있었다. 그래서 공부하면 교과서, 점수, 성적, 등급 등을 떠올리며 입시나 서열화의 도구 정도로만 생각했다. 그러한 학습은 시험과 같은 목표를 달성하고 나면 쓸모없는 지식으로 버려지기 일쑤였다. 미래 학자 앨빈 토플러는 "미래에 필요하지 않을 지식과 존재하지 않을 지식을 위해 한국 학생은 하루 15시간을 낭비하고 있다."고

했다.

우리는 흔히 여행을 가고, 아나바다 장터에서 직접 물건을 팔아 보고, 힘들게 등산을 하고 난 후, '나 진짜 공부를 했어'라고 말하곤 한다. 교과서나 책으로만 하는 공부가 아닌, 독서, 토론, 글쓰기 혹은 치열하게 몸으로 겪는 활동 등에 우리는 보통 '진짜 공부'라는 말을 사용한다. 우리는 실천이 없는 공부는 공부가 아니라는 사실을 직관적으로 알고 있었다. 우리가 만난 아이도 "처음으로 제대로 된 진짜 공부를 한 기분이었어요."라고 말했다.

우리가 배우는 단순 암기식의 지식은 인터넷 검색으로 쉽게 찾을 수 있고 도서관에서 몇 권의 책만 읽게 되면 교과서보다 더 많은 정보도 얻을 수 있다. 그럼에도 불구하고 우리는 왜 학교에 가야 하는가? 학교에서 무슨 공부를 해야 하는 것일까? 이 질문에 대한 답을 우리는 어디에서 찾아야 할까?

2010년 G20 서울 정상회의 폐막식 당시, 오바마 대통령이 한국 기자에게만 특별히 질문할 기회를 주었을 때 아무도 질문을 하지 않았다는 이야기는 우리 교육의 문제점을 이야기할 때면 어김없이 등장하는 에피소드이다. 학년이 올라갈수록 아이들이 파김치가 되어 가고 수업 시간에 질문은 점점 사라져 간다. 최근에 어떤 교사는 신규 교사들의 수업이 천편일률적으로 모두 같고 개성이 하나도 없다며 매우 안타까워했다. 우리는 왜 자기의 생각과 의견을 자신 있게 말하지 못하는 것인가? 이 이야기들의 공통된 아픔을 우리는 어떻게 보아야 하며 어떻게 해결해야 하는 것일까?

그러면 우리는 무엇을 잘못 배운 것인가? 질문과 대답을 못하는 것이 그들만의 잘못은 아니다. 그렇다고 그렇게 가르쳤던 과거 교육의 잘못만도 아니다. 그때는 그런 교육이 어쩔 수 없는 것이기도 했다. 콩나물시루 같은 교실, 오전 오후 2부제 수업, 학생의 인권이 종종 무시되는 학교 분위기 속에서 우리는 공부했다. 지식에 대한 깊이 있는 이해와 사고력을 바탕으로 하는 문제의식보다는 얼마나 더 많이 암기했는가를 평가하는 시대였다.

이제는 그러한 전통적인 학력관인 '이것 알아(지식)?'가 아니라 새로운 학력관인 '할 수 있어(역량)?'의 공부를 해야 한다. 이에 전라북도교육청은 배움과 삶이 하나 되는 배움, 지식과 가치·태도, 실천이 조화를 이루는 배움으로 '참학력'을 제시한다. 또한 2015 개정교육과정에서도 자기관리 역량, 의사소통 역량, 공동체 역량, 지식정보처리 역량, 심미적 감성 역량, 창의적 사고 역량을 강조한다. 참학력이나 2015 개정교육과정이 추구하는 교육은 모두 역량 중심의 교육으로 아는 것과 행동하는 것이 일치하는, 공工과 부夫가 하나 되는 진정한 공부이며 진짜 공부이다.

나. 무엇을 공부해야 하는가?

내가 컴퓨터를 처음 배웠던 1990년대에는 아이콘을 달달 외우는 시험을 봤다. 아이콘에 커서만 갖다 대면 다 보이는 기능을 짜증을 내면서 외웠다. 진리 탐구에 의문을 품는 것이 아니라 '이것을 과연 내가 왜 외워야 할까'를 궁금해하며 계속하여 암기했던 기억이 누구에게나 한 번쯤 있을 것이다. 나에게 학교 시험의 기억은 사십이 넘을 때까지도 계속

되는 악몽이고 우리 아이들도 별반 달라진 게 없다.

농경 사회에서 사람들에게 요구되는 것은 날씨의 흐름을 읽고 성실하게 농사를 잘 짓는 것이었다면, 증기기관차를 몰고 생산라인에서 일하는 노동자를 키우는 산업화 시대에는 매뉴얼을 잘 읽어서 그대로 기계를 조작하는 능력을 가진 사람이 필요했다. 지금 우리에게 당면한 것은 무엇일까?

2016년 다보스 포럼에서의 화두는 단연 4차 산업혁명이었다. 우리의 삶의 방식을 근본적으로 바꿀 기술 혁명으로 인류는 전혀 새로운 세상을 경험하게 되는 것이다. 체내 삽입형 기기로 실종 아동을 찾으려 하고, 사물인터넷IoT: Internet of Things으로 모든 물건이 인터넷에 연결되며, 3D 프린팅 기술로 집을 지을 수 있다. 자율주행자동차는 실험 단계이며 빅 데이터를 활용하여 의사결정도 시도하고 있다(클라우드 슈밥, 2016). 지금까지와는 비교도 할 수 없을 만큼 세상은 빠르게 변화하고 있다.

산업시대의 경쟁과 모방의 시스템이 막을 내리고 새로운 시대는 창조와 융합을 요구하는 시스템이므로 교육계에서도 전면적인 개편이 절실히 필요한 것이다. 그러나 많은 학자들은 기계가 할 수 없는 인간만이 가진 가치의 탐구를 중요시한다. 단순한 컴퓨터 교육, 코딩 교육을 넘어서서 기존의 것과 새로운 것을 융합할 수 있는 능력을 지닌 인재의 양성을 우선으로 한다. 그러므로 인간이 가장 인간다워지기 위한 인문학과 역량 교육이 지금 가장 필요한 교육이다.

지금 초등학교에 입학하는 아동이 사회에 나와 갖게 될 일자리의 거의 70퍼센트가 현재 존재하지 않는 새로운 일자리가 되는 시대가 올 것이라고 한다(클라우드 슈밥, 2016). 또한 일생 동안 6번 이상 직업을 바꾸어 가며 살 것이라고 한다. 이제 우리는 미래의 직업을 조심스럽게 예측만 할 수 있을 뿐 쉽게 장담하지 못할 처지에 놓여 있다. 그럼 교사들은 아이들을 어떻게 지도해야 할까? 혹시 사라져 갈 직업을 위해 수업을 하고 있지 않은가? 매뉴얼을 그대로 외우게 하고 있지는 않은가? 이제 우리는 역량 중심의 교육을 해야 하는 시대에 살고 있다. 우리는 역량을 강화하기 위해 학생들에게 책을 읽게 하고, 몸으로 하는 체험활동을 하게 하고, 그 경험을 바탕으로 글을 쓰게 하고, 분절된 지식을 통합적으로 가르치는 것이다. 섬세해진 세상만큼이나 무수히 많은 선택지 속에서 내가 필요한 것을 골라낼 수 있는 능력이 필수적이다. 아이들은 많은 경험으로 본인의 진로를 찾아야 하고, 어려움에 쓰러져도 스스로 마음을 회복해야 한다.

이제는 지식 위주의 암기식 공부, 교실 속 교과서만 가지고 하는 공부로는 턱없이 부족하다. 그것은 과거의 공부였다. 이제는 지식과 가치·태도와 실천이 조화를 이루는 공부, 책상을 딛고 일어서서 세상 밖으로 나갈 수 있는 공부, 스스로 지식을 구성하고 삶에 적용하는 주체적인 삶의 주인으로 살아가는 공부를 해야 한다.

2. 교사, 진짜 공부를 고민하다

『교사, 삶에서 나를 만나다』의 저자 김태현(2016)은 이런 말을 한다. 고등학교 1, 2학년 때는 거부감 없이 수업을 잘 따라오던 아이들도 3학년이 되면 "이제 EBS 문제풀이를 해요."라는 말을 한다고 한다. 좋은 수업을 구상하며 '오늘은 어떤 삶의 모습을 수업과 연결할까'를 고민하던 교사는 입시라는 냉엄한 현실 앞에서 좌절감을 맛보게 된다. 하나의 주제로 깊이 있는 수업을 하다가도 결국 교과서 진도에 발이 묶여 서둘러 가고, 시험 범위라는 족쇄 때문에 하고 싶은 수업을 접어야 했던 그런 경험들이 있다. 그럼에도 교사는 포기하지 않는다. 왜냐하면 삶과 연결된 수업을 하고 난 후에 학생들이 전과 다른 '성장'을 경험하기 때문이다. 그 경험은 달고 힘차다. 그래서 교사들은 다시 좋은 수업을 고민한다.

교사들 중에는 존중, 배려와 같은 덕목을 학창 시절에 실천으로 배우지 못한 경우가 많다. '남을 존중해야 한다, 배려해야 한다'라고 교과서에서 배웠지만, 학교에서 존중과 배려를 온전히 받았는가? 우리는 지각을 하면 벌을 섰고 시험 섬수가 떨어지면 발바닥과 손바닥을 맞았고, 성적이 적나라하게 공개되는 학교에 다녔다. 그럼에도 불구하고 교사들은 정작 자신들은 온전히 받아 보지 못한 배려, 소통, 인권의식 등을 학생들에게 가르치기 위해 비폭력 대화 연수, 청소년 감정 코칭 연수, 공감 연수 등을 받으면서 노력하고 있다.

몸으로 익히지 못한 교육을 실행하는 데는 어려움이 따른다. 혁신교육을 앞에서 선도적으로 이끄는 교사나 끌려가는 교사나 혹은 다른 길을 가는 교사나 모두 힘든 길을 걷고 있다. 우리 모두 가 보지 않은 낯선 길을 가고 있기 때문이다. 그러나 우리는 항상 만들어진 길로만 갈 수는 없다. 누군가는 새로운 길을 개척해 나가야 한다. 우리가 그 길을 만드는 선구자라는 생각을 하면 그 수고로움이 약간은 숭고해지는 것 같다.

시인 박노해는 "길 찾는 사람은 그 자신이 새 길이다."라고 말하며, 시인 정호승은 "길이 끝나는 곳에서도 길이 되는 사람이 있다. 스스로 봄길이 되어 끝없이 걸어가는 사람이 있다."라고 전한다. 진짜 공부를 고민하며 교사들이 묵묵히 실천하며 걸어가는 그 길은 희망과 생명으로 가득 찬 봄길이다.

가. 수업을 나누어요(수업 열기와 수업협의회)

2010년 즈음 시작된 혁신학교에서 추구한 변화의 핵심은 수업이다. 수업을 보는 관점이 교사의 수업 기술에서 학생의 배움으로 이동했다. 교사가 얼마나 잘 가르쳤나 보다 학생이 무엇을 배웠는가로 무게중심을 옮긴 것이다. 드디어 학생이 교육의 전면에 들어서며 배움의 주체가 되었다.

요즘에는 '수업 공개'라는 표현보다는 '수업 나눔'이나 '수업 열기'라는 표현을 더 많이 쓴다. '수업 공개'는 그저 보여 주기가 전부였다고 할 수 있다. 거기에서 나눔의 의미는 찾기 힘들었다. 그저 교사의 교수 능력을 시험하는 시간이었을 뿐이다. 아이들은 사전 계획대로 발표를 해야 했고, 선생님은 최신 기자재를 쓰며 교수·학습 기법의 순서에 따라 아이들을 휘어잡는 교실 장악력을 보여 줘야 했다. 수업 후 협의회에서는 주로 "저라면 이 수업을 이렇게 했을 것 같아요. 이런 점이 아쉬워요." 등과 같이 비판적인 말이 오갔고, 퇴근 후에는 수업자 선생님을 위로하기 위해 뒤풀이를 하곤 했다. 이렇기 때문에 수업 공개는 신규 교사나 새로 전입해 온 교사들의 피해 갈 수 없는 통과의례쯤으로 인식되기도 했다.

최근, 수업 열기가 달라지고 있다. 수업 중의 어느 지점에서 학생의 배움이 일어나고 주춤하는지 관찰하고, 학생에게 도움을 주기 위한 교사의 역할은 무엇인지 함께 고민한다.

다른 교사에게 보여 주기 위한 단 한 시간의 수업을 위해 한 달을 준비하는 수업 공개를 넘어서서 학생의 배움을 중심으로 일상의 수업을 여는 것이다. 결코 쉬운 일은 아니지만 나의 수업을 여는 것은 나를 둘러싸고 있는 담장을 제거하는 것과 같다. 담장 안에서는 크게 자랄 수 없다. 수업은 하나의 통로가 되어 수업 안과 밖이 연결이 되고, 교과와 교과가 연결이 되고, 교사의 삶과 학생의 삶이 서로 연결된다. 교사들은 수업 열기를 하면서 스스로 성장하고 학생의 눈높이에서 이해하기 시작한다. 그 위에 사랑은 덤처럼 따라온다.

전주의 한 중학교는 매년 2월에 수업 열기에 관한 논의를 한다. 교사

들은 전체 학교 교사와 공유하는 수업 열기를 우스갯소리로 '장기기증'
이라고 한다. 잘하든 못하든 내 속을 다 보이는 것 같은 느낌 때문이다.
그럼에도 불구하고, 정기적인 수업 열기의 자리를 갖게 되면 흐트러졌던
교육의 열정이 다시 솟아나기 때문에 선생님들은 다시금 수업 열기를
희망하게 된다. 전체 수업 열기가 부담스러울 경우 '수업 친구'의 형식을
취하기도 한다. 수업 친구는 2~3명의 동교과나 동학년 혹은 뜻이 맞는
교사들끼리 수업을 서로서로 나눈다.

까마득한 날에
하늘이 처음 열리고
어디 닭 우는 소리 들렸으랴

모든 산맥들이
바다를 연모해 휘달릴 때도
차마 이곳을 범하던 못하였으리라

끊임없는 광음을
부지런한 계절이 피어선 지고
큰 강물이 비로소 길을 열었다

지금 눈 내리고
매화 향기 홀로 아득하니
내 여기 가난한 노래의 씨를 뿌려라

다시 천고(千古)의 뒤에

백마(白馬) 타고 오는 초인(超人)이 있어

이 광야에서 목 놓아 부르게 하리라

－「광야에서」, 이육사

수업을 열 때마다 '가난한 노래의 씨'라는 부분이 너무 절절하게 가슴에 와 닿는다. 나의 수업을 보여 주는 것은 쉬운 일이 아니지만, 가난한 노래의 씨를 뿌림으로써 수확하게 되는 것은 상상 그 이상이다. 수업을 연 후에는 언제나 긍정적인 기운이 교실에 스며든다. 수업이 삶과 연결이 되면 아이는 배움에 대해 열정을 갖기 시작하고, 우리는 한 뼘 더 자란 아이를 만날 수 있다.

교사의 따뜻한 말과 행동이 아이들을 감화시킬 수 있기 때문에 교직은 참으로 아름다운 직업이라고 생각한다. 수업 후에는 교사들이 수업 협의회를 하는데 그때 나온 아이에 대한 칭찬은 다음 수업에서 그 아이에게 전달된다. 잘한 아이, 못하지만 하려고 하는 아이, 모든 아이들을 교사는 칭찬한다. 그 칭찬에 아이들은 또 한 번 변화한다.

가끔 교사의 칭찬에 행복해하는 아이들의 귀여운 미소를 보기도 하고 "선생님은 저를 좋아하시잖아요."라고 수줍게 말하는 것도 듣는다. 아이들은 어른의 눈빛이나 손짓, 몸짓 같은 비언어로 교사가 자신을 어떻게 받아들이는지 직감한다. 어른으로부터 자신을 믿고 지지한다는 메시지를 받으면 아이들은 변화한다. 이것이 수업 열기의 긍정적 기운 중의 하나이다.

수업을 보면 보인다. 학생들은 자신의 삶과 전혀 관계없는 지식만을 나열하는 수업에 쉽게 지루해한다. 흥미를 갖고 적극적으로 참여하는 수업은 수업 내용이 자신의 삶과 관련되거나 활용됨을 보았을 때이다. 그래서 우리는 삶의 어느 지점을 건드려서 학생을 배움으로 불러들일지를 항상 염두하며 수업을 구상한다.

수업협의회는 수업 직후 바로 하거나 혹은 방과 후에 이루어지는데, 그 순서는 보통의 경우 다음과 같다. 우선 모둠 속에서 교사들이 관찰한 수업 장면에 대한 이야기를 나눈다. 중요한 것은 수업을 볼 때, 교사를 보는 것이 아니라 아이를 보는 것이다. 어느 지점에서 배움이 일어나고 머뭇거리는지, 우리가 그 아이들을 어떻게 도와줄 수 있을지를 같이 고민한다.

그 후, 전체 교사가 다시 모여 공유하는 시간을 가진다. 협의회는 매우 의미 있는 시간이므로 어떤 학교에서는 협의회에 참가할 수 없는 경우에는 수업을 참관하지 않도록 하기도 한다. 수업 열기의 꽃인 협의회는 보통 1~2시간 이상 이어지면서 교사로서 자신의 생각, 학생, 교과 혹은 학교에 대한 다양한 이야기를 나눈다. 다음은 어느 중학교의 영어 수업협의회 장면이다.

> 장 선생님　저는 이 반의 수학을 가르칩니다. 김○○가 보통 제 수업 시간에는 참여를 잘 안 하는데, 오늘은 너무나 활동적인 모습을 보았고 처음으로 발표하는 것도 보았습니다. 선생님과의 좋은 관계로 인해 선생님을 (위기에서) 구해 준 것 같아 감동적이었습니다.
>
> 유 선생님　아이들이 차분하고 서로 듣는 분위기가 형성되어 있어 놀

라왔어요. 영어 수업이 국어 수업처럼 생각을 하는 깊이 있는 수업이었어요. 다만, 점프 과제가 너무 어려워서 못 하는 학생이 보였는데, 그 학생들은 계속 점프가 되지 않아 아쉬움이 남았는데 저도 고민이 됩니다.

류 선생님 이 반의 담임입니다. 3학년을 공개하시려고 하는데 제가 자꾸 1학년(우리 반)을 공개하라고 재촉했습니다. 많은 사랑과 관심으로 우리 학생들이 너무나 즐겁고 활기차게 수업을 하는 모습을 보니 가슴이 뭉클하고 감사합니다. 이런 기회를 우리 반 아이들에게 주셔서 정말 감사합니다.

영어 수업을 참관한 담임교사는 평소 자신의 수업 시간에는 보지 못했던 아이들의 모습을 보았고, 같은 학년을 함께 담당하는 교사들은 본인의 수업에 대해 생각하게 된다.

협의회의 내용은 수업 속에서 이루어지는 다양한 상황이나 수업 속 이야기를 모두 포함한다. 교사들이 수업과 관련하여 가지고 있는 고민과 질문, 학생의 배움과 학습 태도, 배움에서 도주하는 아이들 이야기, 교실에서 관계 맺는 법, 학습 몰입 등을 주제로 대화를 나눈다.

협의회는 단순한 수업 열기의 마무리라기보다 건강한 학교문화의 시작이다. 협의회에서 물꼬를 텄기 때문에 선생님들은 수시로 학생, 수업, 교육과정, 삶에 대한 이야기를 나눈다. 우리 학교에서는 교사 둘이 만나면 학생 이야기를 하고, 셋이 만나면 학교 이야기를 하고, 넷이 만나면 회의를 한다고 했다. 이러한 성찰과 반성이 있는 학교에서는 자연스럽게 교사와 학생이 성장하고 집단 지성이 생겨나며 건강한 학교공동체가 만들어진다.

나. 교사도 함께 성장해요(교사 동아리와 교육과정)

교사를 성장하게 하는 또 다른 장場이 있다. 바로 자발적인 교사 동아리이다. 교사들은 학교생활에서 육체와 정신이 모두 소진되곤 한다. 학교에서 아이들에게 시달리며 녹초가 된 몸을 이끌고 집에서 다시 가사노동을 해야 하는 교사들은 이 둘 사이에서 균형을 맞추고 살아간다. 그러다가 학생 폭력 사안이라도 발생하면 아슬아슬한 삶의 균형이 무너지게 된다. 또한 수업을 개선하기 위해 홀로 다양한 시도를 하다가 지치는 교사들도 있다. 그런 교사들은 어디에서 힘을 얻어 다시 앞으로 나아갈 수 있을까? 교사 동아리가 하나의 답이 되어 주고 있다. 혼자서는 힘들어도 같이 하면 쉽게 할 수 있다.

집단 지성을 중요시하는 혁신학교에는 갖가지 자생적인 동아리 모임이 활발하다. 각각의 동아리에서 교사들은 학교 발전 방향을 논의하고, 수업 개선을 연구하며, 학생 지도에 관한 고민을 함께 나눈다. 이로써 교사의 전문성이 신장됨과 동시에 교사의 자존감이 회복되고 이것이 고스란히 수업에 반영되어 학생에게 전달된다.

다음은 어느 독서 동아리 모임의 장면이다. 퇴근 후, 학교 앞 작은 카페에서 독서토론을 시작했다. 『인간 VS 기계』(김대식, 2016)를 읽고 4차 산업혁명에 대해 의견을 나누는 자리였다. 우리는 돌아가면서 인상 깊었던 구절이나 함께 나누고 싶은 주제에 대해 이야기했다. 4차 산업혁명

시대에 우리 아이들의 진로교육은 어떻게 할 것인가? 인간과 기계의 경계가 무엇인가?

한참 열띤 논의를 하던 중, 네 살과 여섯 살, 두 아이를 키우는 한 교사가 눈물을 흘리며 이런 말을 했다. "저는 책을 다 읽지 못했어요. 학교에서도 바쁘고 집에서도 아이를 돌봐야 해요. 책 읽을 시간이 있는 선생님들이 너무 부러워요." "선생님, 다 못 읽어도 괜찮아요. 혼자서 많이 힘들었구나." 우리는 너 나 할 것 없이 힘든 육아와 가사에 대해 충분한 공감을 하였다.

다음 모임이 되었다. 지난번 눈물을 보였던 그 교사는 이번에는 이렇게 말했다. "지난 모임 후 여러 선생님들이 계속 위로해 주시고 뭐 도와줄 것 없냐며 물으셨어요. 저 완전 힐링되었어요. 그리고 오늘은 책을 다 읽었습니다." 독서토론 모임은 단순히 독서만 하는 곳이 아니라 교사 개인의 삶의 균형을 맞추는 데도 도움을 주고 있었다. 이것이 따뜻한 학교 공동체의 회복이다.

동료의 격려와 위로로 자신감을 얻은 교사는 사서 교사와 함께 '음악으로 떠나는 그림책 여행'이라는 수업을 구상했다. 학생들은 1차시에는 개인마다 그림책을 세 권씩 읽고, 2차시에는 모둠으로 한 권을 정했다. 3차시에는 PPT에 음악을 삽입하여 시 낭송을 하면서 '그림책 여행'의 수업을 마무리했다. 이 내용을 정리하여 12월 23일에 크리스마스 분위기 속에서 학부모를 초청해 우리만의 오붓한 수업 결과물 발표회를 가졌다. 우리는 그간 알아보지 못한 아이의 숨겨진 낭송 실력에 놀라기도 하고, 아이의 시 낭송을 듣고 눈물 흘리는 부모도 보았다.

때로는 힘겨운 삶 속에서 하루하루 학교생활을 해 나가기에 벅찰 때도 있지만, 우리는 교사 동아리에서 힘을 얻고 수업에 대한 열정을 되찾는다. 자신의 벽을 허물고 서로의 삶을 나누면서 공감과 연대가 시작되었다. 독서 모임뿐만 아니라 교과 모임 혹은 학년별 모임도 좋다. 어떤 동아리라도 학교 현장의 모든 주제-학생, 수업, 교육과정, 평가-등을 허심탄회하게 이야기할 수 있다. 이는 서로에게 인간적인 위로와 힘이 되어 주고, 집단 지성으로 교육의 동력이 되며, 학생들을 진정한 배움으로 이끌어 진짜 공부를 가능하게 한다. 자발적 교사 동아리가 우리 교육의 희망을 꿈꾸게 한다.

다. 배려와 협력의 평가를 해요(성장평가)

미국의 한 학교에 인디언 부족의 아이들이 전학을 왔다. 시험 시간이 되자, 아이들은 책상 위에 책가방을 올리고 서로 시험지가 보이지 않게 가리고 있었다. 그런데 인디언 아이들은 서로 둥글게 책상을 돌리는 것이었다. 이 모습을 본 선생님이 인디언 아이들에게 "너희들 왜 책상을 둥글게 붙이니? 시험 봐야지."라고 물었더니, "네, 알아요, 선생님. 우리는 항상 어려움이 있을 때 서로 도우라고 배웠어요."라고 했다고 한다(이형빈, 2015).

이 이야기는 학교에서의 평가가 지향해야 하는 것이 무엇인지를 보여준다. 지금까지 교육과정, 수업에서는 늘 협력을 강조하면서 평가는 공정성과 객관성을 강조한다는 명분 아래 일체의 협동이 허락되지 않고 오로지 경쟁만을 중요시했다. 이는 공정성과 객관성을 제대로 이해하지 못하고 수치화되고 계량적 평가만이 이를 보장한다고 믿었기 때문이다. 이러한 공정성과 객관성의 맹신 아래 그만 인간의 존엄성을 나락으로 떨어뜨렸다.

이제 더 이상 학교 시험이 선발하는 기능만 우선해서는 안 될 것이다. '나를 뽑아 주세요. 제가 1등이에요'라는 말이 만연하면 친구 사이에는 우정, 협력이 아닌 경쟁, 패배만이 남게 된다. 이제 평가도 어려울 때 서로 도움을 줄 수 있어야 하고, 그 속에서 아이들의 발달과 성장이 일어나야 한다.

『경쟁에 반대한다』(2009)에서 알피 콘은 보리스의 이야기를 들려줬다. 수학 시간에 보리스는 약분에 어려움을 겪고 있는데 페기라는 아이가 보란 듯이 그 문제를 푼다. 이때 보리스는 패배감을 맛보고, 페기는 승리감에 도취된다. 즉, 한 아이의 성공은 고스란히 한 아이의 실패가 되는 것이다.

이것이 바로 경쟁의 치명적인 폐해이다. 절반이 성공할 때 절반은 실패하고 좌절하기 마련인데, 이 제로섬 게임에 우리는 우리의 아이들을 내던져 놓는다. 이 상황을 알면서도 상처 받는 아이에게 계속 더 열심히 하라고, 게임에서 이기라고만 한다. 그리고 잘하지 못했을 때, 그 잘못을 아이의 탓으로 귀결시킨다. 그것은 사실 그 시스템을 만든 사회의 잘못이다. 그래서 알피 콘은 평가에서 모두가 성공할 수 있는 시스템을 만들어야 한다고 강조한다.

불편함의 자각 없이 언제나 간편하게 사용했던 성적 우수상, 석차, 수업 시간에 선착순으로 받는 '참 잘했어요' 도장, 이런 것들은 모두 경쟁의 부산물이다. 절반의 사람들은 열등감을 느끼며 좌절하게 만드는 잔

인한 것들이다. 아니, 그 남아 있는 절반의 사람들도 언제 떨어질지 모르기에 역시 불안하다. 결국 모두가 불행해지는 시스템을 우리는 취하고 있다.

우리는 글짓기를 하고 난 후, 달리기를 한 후, 그림을 그리고 난 후에도 학생들을 서열화했다. 칭찬하려고 상을 주기도 하겠지만, 모든 아이들의 가치를 생각하고 그들의 진정한 성장을 염두에 둔다면 그렇게 쉽게 아이들을 일렬로 세워 순서를 매길 수는 없을 것이다. 교육은 마땅히 모든 아이들이 행복한 삶을 살아갈 수 있게 해 주어야 한다.

얼마 전까지만 하더라도 시험을 거부하거나 없앤다는 생각은 못 했다. 일제고사에 반대하며 아이들과 함께 현장학습을 떠난 선생님의 이야기가 뜨거운 뉴스가 되던 때도 있었다.

그러나 이제는 평가의 방향이 바뀌고 있다. 결과 중심 평가, 일제식 평가, 개별화 평가를 지양하고 과정 중심 평가, 상호작용을 중시하는 평가, 협력하고 배려하는 관계의 평가를 지향하며 이를 위한 다양한 방안들이 제시되고 있다.

중등학교에서도 수행평가의 비율을 점차 확대하여 지필평가의 비중을 줄이고 있고 예체능 과목의 경우 지필평가를 실시하지 않는 학교도 늘고 있다.

이미 많은 과목에서 다양한 평가를 하고 있다. 사회과에서는 현장학습 전의 자료 수집과 보고서 작성 등을 평가로 많이 활용하고 있고, 국어과의 경우도 여러 가지 글감으로 시도 쓰고 소설도 쓰고 연극도 하고 있다.

중등 영어과도 글쓰기를 많이 하려고 한다. 글쓰기에서 철자와 문법도 중요하지만, 더 중요한 것은 글쓰기를 두려워하지 않고 자신의 의견을 영어로 전달하는 것이다. 또한 친구에게 도움을 요청하고 친구를 도와줄 줄 아는 따뜻한 마음을 중요시한다. 채점은 스스로 하며 점수를 부여하는 과정에서 교사와 학생이 대화를 나누고 학생은 자신의 의견을 말할 기회를 갖는다. 모두 잘하는 것이 목표이므로 시험과정에서 어려움을 느끼면 친구에게 도움을 요청해도 되고 번역기를 돌리지 않는다는 약속만 하면 1분 동안 인터넷도 자유롭게 검색할 수 있다. 평가도 수업, 교육과정의 연장선에서 이루어지며 학습 결과물을 계속 포트폴리오 형태로 정리하며 성장하는 '나'를 만들어 간다.

> (제가 다녔던) 남원초 아이들끼리는 서로 친해요. 수행평가를 할 때도 (다른 초등학교를 나온 아이들은) 경쟁의식 때문에 원래 안 도와줘요. (다른 학교 애들은) 수업이 끝나면 자고 있던 아이가 일어나서 "중요한 것 이야기했어?" 이렇게 물어보면 "아니, 없었어." 그러는데 남초 애들은 (노트를) 복사해서 나눠 주는 거예요. 저도 그랬거든요. 이런 게 달랐던 것 같아요. 진짜 도움이 많이 돼요. 서로 믿고 의지하는 게 보여요. 그런데 다른 (학교를 나온) 애들은 조금 (관계가) 힘들어요. 친한 친구임에도 불구하고 점수를 의식하게 되는 거죠. 남원초 오예진

남원초를 같이 졸업한 예진이의 친구들은 중학교에서도 수업 시간에 배운 내용을 서로 알려 주고 노트를 복사해서 나눠 줬다. 이것은 평소에 학교에서 중시하는 혁신학교의 철학이 내재화된 것이다. 늘 친구를 배려하고 협력하라는 말을 온 학교가 함께 가슴에 새기게 되면 학생들

은 차츰 변화한다.

'혼자 가면 빨리 가지만, 같이 가면 멀리 갈 수 있다'라는 아프리카 속담이 있다. 조금 더디게 가더라도 같이 갈 때 우리는 힘든 세상을 좀 더 수월하게 살아가게 되리라는 것을 알고 있다.

초등의 경우, 전라북도교육청에서는 2016학년도부터 '성장평가제'를 실시하고 있다. 일제식 평가를 전면 폐지하고 학생들 개개인의 발달과 성장에 초점을 맞춰 다양한 방법으로 상시 평가를 한다. 초기에 다소 혼란스러운 점도 있었지만 생각보다 빠르게 안착하고 있다. 수업권과 평가권을 가진 교사는 모든 학생들의 개별적 성장 과정을 관찰하고 기록하고 그것을 피드백 자료로 활용한다.

2015 개정 교육과정에서도 평가의 혁신을 강조한다. 수행평가의 비중을 40%로 확대하고 지필고사의 비중을 점점 줄이고 있다. 수행평가의 비율을 높이면 교사들은 교사 개별적인 평가를 통해 하고자 하는 교육과정과 평가를 연계해서 할 수 있어 학생들의 혼란이 줄어든다. 또한 서술형, 포트폴리오형, 토론, 보고서 등 다양한 형태의 평가가 이루어져 수업의 내용과 형식도 다양하게 할 수 있기 때문에 학생들의 배움의 즐거움도 커진다.

배려와 협력이라는 철학으로 수업, 교육과정, 평가가 만들어지고, 그것이 삶이라는 실에 꿰여 있으면 자연스럽게 삶을 가꾸는 교육과정, 배움 중심의 수업과 성장이 일어나는 평가가 만들어진다. 결과 중심, 입시 중심, 서열화 중심의 교육을 탈피하여 발달과 성장이 일어나는 평가로의 전환을 통해 아이들의 잠재력을 키워 주고 그 아이가 지니고 있는 역량을 더욱 강화해야 하는 것이 시대가 요구하는 교사의 책무이다.

3. 학생, 진짜 공부로 성장하다

올해 아이가 혁신학교에 입학했다. 중학교에 가기 전에 아이가 "혁신학교가 뭐예요?"라고 물었다.

"혁신학교는 민주적이고 따뜻한 학교란다. 선생님들이 수업을 열심히 하시고 학생이 좀 더 존중받는 곳이야. 그래서 네가 청소년기를 보내기에 가장 좋은 학교라고 생각해."

몇 달이 지난 지금 아이는 학교생활을 누구보다 즐겁게 하고 있다. 다양한 수업, 농구, 탁구 등의 운동, 친구들과 함께 하는 오케스트라 활동을 통해 아이는 다양성을 배우는 듯했다. 한창 민감하고 다양한 경험과 사고를 필요로 하는 사춘기 청소년기에 최적화된 학교라는 나의 말이 틀리지 않은 것 같아 안도감이 든다. 오케스트라는 삶의 모습과 비슷하다. 다양한 악기들의 아름다운 조화를 느끼면서 아이는 청소년기를 보낼 것이다. 매일 저녁 아이와 대화를 나눈다. 아이의 눈에 비친 학교의 모습이 궁금하다. 아이의 입장에서 선생님과 친구들은 어떻게 느끼고 무슨 일을 하며 하루를 보냈는지 무엇이 어떻게 진짜 공부가 되는지 궁금하다. 혁신학교를 경험한 아이들의 삶에 깃든 진짜 공부는 무엇인지 그 이야기를 바탕으로 진짜 공부를 생각해 본다.

가. 괜찮아, 다시 한 번 해 봐(체험으로 배우다)

> 친구들이랑 함께 한 시장 활동도. 애들이랑 부대끼는 활동들이 너무 많잖아요. 그냥 형제인 것처럼. 누가 뭐 잘못해도. 미안해라는 말 없이도. 잘못했어. 그러면 아 그렇구나. 그냥 넘어가면서 다시 친하게 지내고. 응어리 없이. 네가 더 잘못했잖아. 이런 말 없이. 다른 학교 애들이랑은 좀 힘든 것 같아요.
>
> 남원초 오예진

몸으로 함께 배우는 활동을 많이 하는 학생들은 친구가 형제 같다고 한다. 형제들은 집안에서 자주 다투고 싸우다가도 금방 화해하고 밖에 나가면 똘똘 뭉쳐서 문제를 해결한다. 학교의 아이들도 마찬가지이다. 싸우고 부대끼고 화해하는 과정 속에서 자연스러운 인간관계를 배우며 사회화가 이루어진다. 이러한 과정에서 우리 아이들은 서로에 대한 배려와 이해를 싹 틔운다.

예진이는 살아 있는 다양한 체험을 통해 친구 사이의 우정을 알게 되었고 그것이 진짜 공부라는 생각이 들었다. 아이들이 가진 행복한 경험은 고난에 처했을 때 이겨 낼 수 있는 힘이 된다. 이러한 '회복 탄력성'은 가정과 학교의 생활 속에서 몸으로 겪은 소중한 경험에서 우러나오는 것이다.

질문자 지리산 올라갈 때 가장 힘들었던 점은?

이현중 어려운 점은요. 하나밖에 없어요. 가방 메고 가는 것. 그것
빼고 다 좋았어요. 애들이랑 얘기하면서도 가고, 넘어지기도
하고, 도와주기도 하고, 그래서 재미있었어요.

질문자 궁금한 것이 있는데 선생님들이 그 일을 왜 현중이에게 시켰
을까?

이현중 시킨 게 아니고요. 제가 한 거예요. 지리산을 왜 가게 했냐면
요? 처음에는 운동도 되고 협동도 되고 즐겁기도 하고 등산
에 대해서 재미를 느끼게 하기 위해서 하는 것 같아요. 그리
고 그 숙소에서 이런 예절을 지켜야 한다는 것을 알려 주기
위해서 많은 것을 배운 것 같아요.   장승초

작년에 현중이가 지리산을 등반할 때는 형들이 많이 도와줬다. 이제
현중이가 형이 되어 동생들과 함께 가야 한다. 쌀이 들어 있는 가방이
무거워 보여 동생 것을 대신 들어 주는 현중이의 따뜻한 마음은 동화를
보는 듯하다. 비록 선생님에게 들켜서 가방을 되돌려 주어야 했지만, 누
군가를 도와주고 난 후의 뿌듯함은 가슴 가득했다. 이제 현중이는 숙소
에서 지켜야 할 예절을 동생들에게 알려 주어야 한다. 현중이는 의젓한
자신이 참 자랑스러웠을 것이다.

현중이는 모든 아이들이 다 모여서 회의를 하는 다모임에서 사회도
봤다. 그때, 담임교사는 "현중아, 너는 6학년일 뿐이야. 지금 배우는 과
정이야. 중학교, 고등학교 형들과 어른들도 못하는 사람들이 많아."라고
격려했다. 다모임은 조금 엉망이 되었지만 현중이는 다모임 사회자의 경

험을 통해 많은 것을 배웠다. 그리고 다음에는 더 잘할 수 있다는 자신감을 얻었다. 우리는 아직 오지 않은 미래도 두려워하면서 걱정하는 경우가 많은데 현중이는 그렇지 않았다. 격려해 주는 지지자 덕분에 현중이의 경험은 트라우마로 남은 것이 아니라 미래에 대한 자신감 그리고 자신에 대한 자존감으로 남아 있다.

우리는 아이가 자기주도적으로 학습하기를 원한다. 어떤 학부모는 그것을 위해 학원에 보내기도 한다는 웃지 못할 일도 있다. 그러나 자기결정권을 갖고 자기 삶의 주인이 되면 자기주도적인 학습은 저절로 된다.

요사이 '선택 장애'라는 말이 있다. 물론 현대 사회의 선택지가 너무 많은 탓도 있겠지만 스스로 선택한 경험이 부족한 사람은 선택에 더 많은 어려움을 겪을 수밖에 없다.

자기결정으로 학교를 정하고 등교하며, 선택 장애 따위는 없는 현중이의 이야기를 들어 보자. 현중이는 시골에 있는 혁신학교에 다녔다. 전주에서 진안까지 한 시간이 넘게 걸리는 등굣길이다. 현중이는 조금 이른 시간인 아침 7시 30분에 집을 나선다. 오늘도 형 없이 혼자 자전거를 타다가 버스로 갈아탄다. 자신의 결정이기에 전주 효자동 이동교에서 진안까지 학교 가는 일을 감내한다. 아침마다 자전거를 타는 코스를 바꾸어 가며 시간을 단축하는 재미도 있다. 누가 시키지 않아도 아침 일찍 일어나 한 시간이 훨씬 넘는 등굣길을 가는 것이다. 스스로 선택한 일이기에 원망은 없다. 그렇게 학교에 가서, 벼농사도 짓고, 텃밭도 가꾸고 몸으로 봉사활동을 했다. 지리산 종주를 3번 하고, 목공과 제과제빵을 배웠다. 이런 과정을 거치면서, 현중이는 책임감과 배려를 배우고, 자존감이 높은 아이로 자라났다.

이현중　목공은 제가 설계하고 자르고 만들어서 재미있어요. 그래서 꿈을 목수로 바꿨어요.

질문자　왜 그런 게 좋을까?

이현중　자유롭잖아요. 누가 시켜서 하는 게 아니고 제가 좋아하니까요.

질문자　100% 맞아?

이현중　100%는 아니고요. 99%….

이현중　그리고. 예전에는 바이올린을 했어요. 근데요. 그 선생님이요. 별로 안 좋았어요. 끊고 보니 후회돼요. 그때 배웠으면 좋았을 텐데… 계속했다면, 내가 잘하는 악기가 하나 더 생길 텐데….

질문자　아닌 것 같은데 내가 이야기 들어 보니까… 너는 하는 게 많잖아. 나는 못하는데… 나 못하는 것을 너는 다 할 수 있잖아. 그럼 나는 끈기가 더 없는 사람이네?

이현중　시도는 해 봤어요?

질문자　시도해 볼게~~^^*　　　　　　　　　　　　　　　　장승초

　　현중이는 몸으로 겪고 배우면서 꿈을 키워 나갔다. 목공을 하면서 자유를 느끼고 악기를 포기한 자신의 선택에 아쉬움이 남지만 이번에는 난타부를 만들겠다며 계속 시도한다. 꿈을 잃어버리고 하나씩 포기해 가는 어른에게도 시도해 보라며 따뜻한 충고까지 잊지 않는다. 현중이는 자기가 계획한 일이 실제로 되어 감을 즐기고 있었다.

　　현중이가 한 시간이 넘는 등굣길을 가고, 악기를 배우고, 등산을 할

때 동생의 가방을 들어 주려고 한 것 등은 모두 자발적으로 한 행동이다. 누가 시켜서 했다면 힘들었을 그 일을 현중이는 스스로 생각하고 결정하여 실행해 나갔다. 그래서 실패해도 누구를 원망하지 않고 다시 일어설 수 있고 힘든 길도 인내하고 갈 수 있었던 것이다.

아이들이 스스로 선택한 일을 했을 때, 아이가 실패할 수도 있고 가까운 길을 두고 멀리 돌아가야 할 수도 있다. 그러나 그럴 때마다 성급히 어른의 선택으로 아이를 지도한다면 그 아이에게 자발성이나 회복성은 기대하지 말아야 한다. 다소 느리고 못하더라도 시간을 주고 기회를 준다면 아이들은 어느새 우리보다도 더 성장해서 자신의 삶을 아름답게 만들어 나가고 있을 것이다. '학부모는 꿈꿀 시간을 주지 않고, 부모는 꿈꿀 시간을 준다'는 공익 광고 문구처럼 부모와 선생님이 할 일은 아이를 신뢰하며, 생각할 기회를 주고, 성장할 때까지 기다려 주며 응원하는 일이다.

나. 학교의 주인공은 나예요(민주시민교육을 하다)

독일은 민주시민교육의 핵심역량으로 1) 정치적 판단 능력, 2) 정치적 행동 능력, 3) 방법론적 활용 능력을 규정한다(장은주, 2017). 더불어 장은주는 이렇게 말한다. 민주시민교육이란, 미래의 시민들이 민주주의의 원리와 가치에 기초하여 판단하고 행동하며 이를 위해 유용한 방법을 활용할 줄 알고, 그리하여 제대로 된 민주주의를 운영하고 실천할 수 있는 시민적 역량을 배양하는 교육이다. 다시 말해, 민주주의를 아는 것과 행동하는 것이 하나 되는 사람이 바로 민주시민이다.

이는 학생이 배움의 주체가 되는 혁신교육과도 일맥상통한다. 수업 시간에 무엇인가를 직접 만들고 내 생각과 의견을 표현하는 활동은 진정한 민주시민교육이다. 이러한 교육은 학생의 창의력과 문제 해결 능력도 저절로 향상시킨다. 체육대회나 축제 등 학교 행사의 조직과 진행은 이미 학생들의 몫이다. 다음은 학교 축제를 직접 계획하여 운영하고 난 후에 쓴 어느 학생의 글이다.

우리 학교 학생회가 타 학교와 다른 점은 모든 학교 행사를 학생회에서 주도하는 것이다. 풍선 터트리기 부스는 학생회의 친구들과 함께 열었다. 부스는 성공적으로 운영되었고 반응도 좋아 선생님께 어마어마한 칭찬을 들었다. 또한 부스를 준비하는 과정에서 우리들끼리 계획하는 것부터 예산 신청, 역할 분담, 운영까지 모두 우리 스스로 했다. 이로 인해 그동안에 했던 축제에서 선생님이나 학교에서 준비해 주신 것을 내가 즐기는 것이 아니라 학생인 내가 학교문화를 만들어 간다는 기분이 들어서 매우 뿌듯했으며, 앞으로 이 학생회 일을 더욱 열심히 해야겠다는 생각이 들었다.

축제가 끝난 지금 생각해 보면 이렇게 우리가 주체가 되어 어떤 일을 하는 경험으로 행사를 주최하는 사람의 마음과 숨겨진 수고를 이해할 수 있게 되었다. 또 앞으로 내가 어떤 일을 맡고, 어려움에 직면했을 때 해결해 나갈 수 있는 힘도 얻었다. 게다가 준비하면서 나와는 다른 생각을 가진 선생님이나 학생들과 같은 여러 사람들을 만나고, 다양한 의견들을 하나로 모았던 경험은 힘들었지만 내가 좀 더 다른 사람에게 귀 기울이는 법을 배웠고 성장할 수 있는 기회가 되었다. 그렇기에 나는 다양한 경험을 할 수 있는 우리 학교가 좋고 우리 학교의 주도적인 학생회가 좋다. 앞으로 우리 학교 후배들이 이런 좋은 경험을 많이 했으면 좋겠다. 　　　　　　　　　　　　　　　　전주우림중 김○○

학교 행사에 주체적으로 참여하는 학생들은 준비하는 과정에서 친구와 충돌이 생기기도 하고 학교와 선생님을 원망하는 마음도 들고 도와주지 않는 친구들에게 서운한 마음도 든다. 그러나 그런 일을 겪으면서 나와 다른 생각을 가진 사람들과 의견을 조율하는 법을 배우고, 세상에는 묵묵히 일하는 사람이 있음을 알게 된다. 또한 어려움을 극복하고 무엇인가를 만들어 냈을 때는 크나큰 성취감을 느낀다. 그것은 다시 자존감이 되고, 삶을 주체적으로 살아갈 힘이 더욱 길러지는 선순환이 반복된다.

혁신학교는 학생회로 대표되는 학생자치가 매우 활성화되어 있다. 예산 편성에 학생의 의견이 반영되고, 학교 행사에도 학생들이 주도적으로 참여한다. 학생들의 수준에서 계획되고 진행되었으므로 다소 서툴고 부족할 수 있지만, 주인공인 당사자들의 만족도는 매우 높다.

　　송준기　아나바다 장터를 할 때도 학생들끼리 서로 의견을 교환하여
　　　　　　반영했어요. 상점을 만들어서 판매하고 수익금을 기부했어
　　　　　　요. 정말 뿌듯했어요.
　　질문자　학교에 학생들의 의견이 반영된 것이 있어?
　　조민영　본관에 나무를 설치했어요. 너무 썰렁한 거 같아서 건의했더

니 곧 설치되었고요. 지금도 그 나무 그대로 있더라고요. 또한 인성인권주간에 게임 체험을 했어요. 무용실 1개를 빌려서 게임 코너를 만들고 학생들은 도장 찍으면서 도는 게임이었어요. 진행은 당연히 학생들이 하고, 선생님은 준비물을 챙겨 주시고 동전 심부름 등을 하셨어요.　　　　덕일중

학생들은 상점에서 물건을 팔아 수익금을 내고, 그것을 불우한 이웃에게 기부했다. 어려운 사람을 도와야 한다는 생각을 하기는 쉽지만, 행동으로 남을 돕기는 쉽지 않다. 몸으로 작은 실천을 한 아이들의 마음 속에는 공감과 배려의 마음, 남과 함께 더불어 사는 사회를 만드는 공동체의 연대감이 있다. 이것이 바로 지식과 행동이 일치하는 공부, 민주시민교육이다.

학생들은 생활 규정도 스스로 만든다. 보통 학급에서 결정된 것을 학생회에서 최종적으로 만들고 그것을 교사들과 다시 협의하는데 교사가 일방적으로 뒤집는 경우는 거의 없다. 그렇게 되면 신뢰가 무너지기 때문이다. 몇 년 전만 해도, 학생들의 화장을 허용한다거나 편한 옷을 입게 하는 생활 규정에 대한 지역사회의 불만이 많았다. 그러나 최근에는 그런 불만이 거의 접수되지 않고 있다. 아마도 학생, 교사뿐만 아니라 일반인들까지 인권 감수성이 풍부해지고 또한 억압적인 규정으로는 자율적인 인간을 키울 수 없다는 공감대가 형성된 것 같다.

학칙 개정이나 행사에 대해 중학교 때는 학생들의 의견 반영이 잘 이루어졌어요. 지금 고등학교와는 많이 달라요.　　　　덕일중 조민영

민주적인 문제 해결 능력은 삶의 작은 경험에서 시작된다. 습관은 사소한 행동의 반복에 의해 만들어지고, 행동은 반복적 학습에 의해 생성된다. 학생들은 어릴 때부터 가정과 학교에서 민주적인 사고방식과 행동을 학습으로 배우고 몸으로 익혀야 그것을 습관화할 수 있다. 그것은 지식으로 배우거나 어른이 되었다고 저절로 형성되는 것이 아니기 때문이다.

그러므로 학교라는 작은 사회는 반드시 민주주의 실천의 장이 되어야 하고 민주시민교육은 수업 안과 밖에서 더욱 강화되어야 한다. 학생들이 학급회의에 참여하고, 그것이 학생회의 의견이 되어 학교를 바꾸어 보는 작은 경험은 그 아이들이 미래의 민주시민이 되기 위한 필수적인 공부이다. 민주적인 가치에 의해 판단하고 행동하며 문제를 해결해 가는 능력을 가진 학생이 하나하나 늘게 되면, 우리 사회는 더욱 성숙하고 안전한 나라가 될 것이기 때문이다.

다. 독서와 글쓰기로 생각을 나누어요(함께 배우다)

중학교에 와서 누나가 '도서관에 웹툰이 있다. 도서관이 정말 좋다.' 해서 도서관에 가 봤는데 거기는 정말 새로운 거예요. 웹툰이랑 최신 책들이 끊임없이 들어와요. 제가 그래서 저희 학년 중에서 도서관에 많이 가고 많이 빌리고 읽었던 멤버 중에 하나예요. 우리 학교이기 때문에 가능했다는 생각이 들어요. 도서관만큼 좋은 곳이 없었어요. 쉬는 시간에도 언제나 도서관을 찾아가서 읽다가 재미있으면 빌리고. 저는 도서관을 끊임없이 이용했어요. 거기에서 여러 가지 명작을 읽었고. 그게 고등학교에 가서는 도움이 되었어요. 이번 모의고사에서 국어만 100점을 맞기도 했고요. 고등학교에 와서 '중학교 때 한 것은 아무것도 아니다'라는 생각이 들어요. 주입식 공부를 한 아이들은 고등학교 공부를 따라오기 힘들겠다는 생각도 들고요. 중학교 때에는 주입식이 성공을 한다고 봐요. 분량이 많지 않거든요. 그런데 고등학교 공부는 이해를 안 하면 너무나도 내용이 많거든요. 그런 면에서 저는 책을 많이 읽은 것이 도움이 많이 되었던 것 같아요. **덕일중 송준기**

중학교의 작은 도서관은 준기가 세상과 만나는 통로였다. '웹툰이 있다'는 누나의 말에 도서관에 다니기 시작해서 독서 동아리에도 가입했다. 책에 관한 이야기로 친구와 대화하기 시작했고 방학이면 졸업한 멘토 선배들과도 책과 인생에 대해 논하는 자리를 가졌다. 독서는 항상 남과 함께하는 나눔이 있어야 한다. 그렇지 않으면 독선과 아집이 될 수 있다. 친구들이나 선배와 가진 독서 나눔의 경험은 갇혀 있던 자기만의 세상에서 나오는 출구가 되었으며 그로 인한 이해력과 사고력의 향상은 고등학교 공부에 큰 도움을 주었다.

과학 선생님의 수업이 가장 기억이 나요. 항상 very important를 말씀하시던. 수업의 일환으로 모둠으로 나누어서 1명을 뽑아서 주제에 대한 설명을 하게 했어요. 이것은 평가로 이어졌고요. (친구들에게) 설명하기 위해 많이 조사하게 되고 우리가 직접 수업을 했어요. 우리가 배우는 대상이 아니라 수업을 한다는 생각이라 졸리지도 않고 기억에 학생들이 어떤 주제에 관해 조사하고 발표하는 수업은 혁신학교에서 장려하는 수업 방식이다. 강의식 수업은 학습 효과가 미미하다는 것을 학생과 교사가 모두 알고 있다. 이제는 자기가 알고 있던 지식과 새로운 지식을 융합하고, 새로운 상황에 적용하는 능력이 요구된다. 학생들은 협동적인 활동을 통해서 스스로 조사하고, 친구들에게 자신의 연구 과제를 설명함으로써 학습은 더욱 견고해진다.

'학습 효율성 피라미드'에 의하면 학습을 할 때, 강의 듣기는 5%의 효율성이 있는 반면, 몸으로 겪기는 75%의 효과가 있고 서로 설명하기는 90%의 효과를 보인다고 한다. 주입식, 강의식 수업보다는 집단 토의나

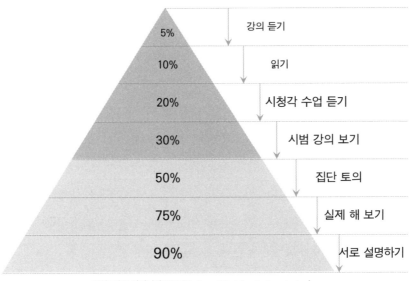

출처: 미국 버지니아 NTL(National Training Laboratories)

학습 효율성 피라미드

직접 해 보기, 친구에게 설명하기 등의 수업이 학생들의 학습 효과가 높음을 보여 준다.

지금 고등학생인 준기는 독서가, 중학생인 현중이는 초등학교 때 글쓰기가 소중한 진짜 공부였다고 말한다.

질문자 초등학교에서 배웠던 일이…. 지리산, 벼농사, 텃밭, 마당, 동아리. 사회도 보고. 근데, 공부 끝나고 킹콩 선생님은 항상 글을 쓰게 했다고 하더라고.

이현중 그래요? 저 그거 엄청 좋아해요.

질문자 왜 좋아해? 다른 친구들은 싫어할 수 있는데.

이현중 그래요? 근데 다른 애들은 몰라도 저는 좋아해요.

질문자 좋아. 왜 좋을까?

이현중 쓰면서요. 내가 그때 뭐 했고, 뭐 했고. 생각하면서 쓰니까 즐거워요. 그리고 다시 생각이 나고요. 생각난 게 다시 오래 가요.
　　　　　　　　　　　　　　　　　　　　　　　　　　　　　장승초

아이들은 몸으로 하는 경험을 통해 우정을 배우고, 책임감과 남을 배려하는 법을 배웠다. 이러한 직접 경험이 간접 경험과 조화를 이루면 그 효과가 배가 될 수 있다. 직접 경험이 없는 간접 경험은 아이들에게 살아 있는 의미가 되지 못하고, 간접 경험이 없는 직접 경험은 일회성 행사로 끝날 우려가 있기 때문이다.

그래서 우리는 현장체험학습을 가기 전에 수행 과제를 주거나 탐구 주제를 설정하게 한다. 현장학습 중에는 과제를 수행하도록 하고, 사후에는 보고서 등을 작성하게 한다. 이러한 직접 경험은 글쓰기로 더욱 내실 있게 다듬어진다.

장승초 현중이는 항상 몸으로 겪은 후에는 글쓰기를 했다. 지나간 일을 생각하는 과정에서 즐거웠고, 글을 쓰면서 장기 기억으로 넘어가는 과정에서 또 한 번 즐거움을 맛보았다.

> 질문자　장승초등학교에서 했던 활동 중에서 1등에서 5등까지 순서를 준다면. 제일 1등.
>
> 이현중　1등 한라산, 2등 지리산, 3등 그… 800미터. 4등 난타, 5등 외발, 6등은 글쓰기, 7등은…. 아니다. 1등 글쓰기, 2등 한라산, 3등 지리산, 4등…. 아니다. 1등 글쓰기, 2등 모임, 다모임…. 3등은 다 같이 모여 있는 것… 4등 체험, 한라산 가는 것도 체험, 지리산 가는 것도 체험. 5등은 목공….　장승초

현중이는 초등학교에서 했던 활동에 순위를 매기라고 했을 때, 처음에는 한라산 등반이 1등이었다가 차차 생각을 정리하면서 마지막에 글쓰기가 1등이라고 수정한다. 목공 수업을 한 피곤한 날에도 글을 써야 했다. 지리산 등반하고 글을 쓰고, 텃밭 갔다 와서 글을 쓰고, 동아리 활동을 하고 글을 쓰고, 다모임 하고 글을 썼다. 몸으로 무엇인가를 하고 난 날에는 마땅히 글을 써야 한다는 것이 현중이 담임 선생님의 방침이다. 선생님의 의도를 아는 현중이도 체험하고 글을 쓰는 일이 초등학교 때 가장 소중한 일이었다고 회상한다.

글을 쓸 때는 글감이 있어야 하고 그것에 본인의 경험이 뒷받침되면

글은 더욱 풍성해진다. 작은 경험 하나라도 그냥 넘기지 않고 정선하는 과정은 꼭 필요하다. 아이들은 글을 쓰는 과정에서 생각을 정리하고 자신을 더 깊이 들여다보는 성찰과 반성의 시간을 갖게 되어 크게 성장하게 된다. 그래서 글쓰기는 자신을 알아 가는 과정에서 필수적인 진짜 공부이다.

라. 내 삶과 연결해요(통합적으로 배우다)

> 공설시장으로 가면 벽화가 있어요. 그거 저희가 그린 거예요. 가게들을 맡아 가지고 간판 그리기를 해요. … 동생은 지금 자서전을 낸대요. 남원고에서요. 할머니들한테 이야기해 가지고 애들이 자서전을 내 주는 거예요. 지금도 마을공동체랑 연합해서 시장이랑 할머니랑 계속 만나고 있어요.
>
> 남원초 오예진

시장 살리기 캠페인의 벽화 그리기나 자서전 쓰기는 모두 살아 있는 공부이다. 아이들은 벽화의 필요성을 생각하고 마을의 특징을 시장 상인인 할머니와 인터뷰를 통해서 알아내어 간판과 지도, 벽화를 그렸다. 아이들은 교실 안에서 교과서 속의 죽은 지식이 아니라 우리의 교실 밖 생활 속에서 살아 움직이는 지식을 공부하고 있다. 마을공동체와 연합하여 시장을 살리고 지역 경제를 살리는 활동을 직접 실행하고 있다. 아이들은 이미 우리 사회에서 민주시민의 역할을 훌륭히 소화해 내고 있다.

독일의 비스바덴의 헬레네랑에 학교는 유네스코가 선정한 프로젝트 우수 학교이다. 그들이 실천한 프로젝트 주제를 살펴보면 일정한 패턴을 발견하게 된다. 즉, 석기-고대-중세-근대-통일독일의 역사가 학년별로 순서대로 이루어지고, 지구-숲-물과 같은 자연환경에 관한 주제도 학년별로 배치되어 있다. 헬레네랑에 학교는 5학년에 입학을 하는데, 5학년에서는 학교에 소속감을 갖고 친구와 협동하는 프로그램이 있고, 6학년에서는 청소년기의 고민을 함께 나누며, 7학년부터는 유치원에서 인턴십을 하고 8학년에서 직업 체험을 한다. 역사와 과학, 진로교육과 사회 적응 교육이 함께 이루어지며 개인의 삶과 일치되는 공부를 하고 있다.

일률적인 교육과정이 존재하지 않는 해외의 여러 교육과정과 비교하면 국가 수준의 교육과정이 있는 우리나라에서 그와 같은 교육과정을 재구성하기란 그리 쉬운 일이 아니다. 그럼에도 불구하고 많은 학교에서 프로젝트 수업을 실천하기 위해 노력하고 있다.

전주에는 2011년 개교와 동시에 지정형으로 혁신학교를 시작한 중학교가 있다. 교사들은 2012년부터 배움의 공동체 수업을 시도하며 수업 혁신을 위해 노력했고, 2015년도에는 교육과정 재구성(프로젝트)을 시작했다. 학기가 시작되기 전 2월에 새로 전입해 온 교사와 기존의 교사들이 함께 만남의 자리를 마련했다. 그 자리에서 학교 철학과 교육과정 흐름을 공유했고, 함께 실천할 몇 개의 프로젝트 주제를 정했다. 프로젝트를 한 학기에 두 번씩 하자는 의견, 두 달에 한 주제씩 총 6번을 하자는 의견도 있었지만, 일단 시작이니 한 학기에 한 주제만 하는 것으로 합의했다. 첫술에 배부를 수 없는 일이고 일단은 모든 교사의 자발적 동의가 우선이었다.

교사들은 교과서와 지도서를 모두 가지고 와서 우선 학년별로 모둠을 만들었다. 학년의 특성, 아이들의 특성을 고려하며 주제를 선정했다. 1학년은 '꽃보다 지구(지구가 아프다고 들었소)', 2학년은 '생명 존중', 3학년은 '진로(I Have a Dream)'로 정했다. 어려울 것 같았던 교육과정 재구성이 이루어졌고, 한 학기, 한 해가 지나가면서 자신감이 생겼다. '생각보다 어렵지 않은걸…'

아이들은 국어 시간에 자신의 인생에 대해서 자서전을 쓰고 영어 시간에 시간표(Timeline: 인생의 시간대별로 계획을 세움)를 만들고 영어로

진로 프로젝트(전주우림중, 2015)

주제	3학년 1학기 진로-I Have a Dream					
기간	4월 29일~5월 13일					
교과	국어	영어	사회	수학	음악	미술
단원	1. 삶의 기록과 성찰	6. Dreaming My Future	1. 국권수호 운동	II. 인수분해와 이차방정식	생활 속의 음악	표현
수업 내용 및 수업 방법	1. 자신의 삶에서 중요한 사건 인물을 정리하여 내용 마련 2. 사진 도표 활용 3. 미래의 모습 계획하여 자서전 쓰기	Timeline을 작성하고 영어로 자신의 과거와 미래에 관련된 글쓰기	1. 자신의 목표 설정의 의미와 중요성 알기 2. 같은 길을 갔지만 다른 삶을 산 인물의 이야기 3. 자서전 영상물	황금비를 찾아라 -인수분해와 이차방정식	1. 음악 관련 직업의 세계 제시 2. 어려움을 극복한 음악가 들의 삶	과거에서부터 현재, 미래까지의 일생을 플립북으로 만들기
시수	2	2	2	2	2	2
평가 내용	수행(쓰기)	수행(Essay Writing)				수행(표현) 플립북

다시 글 쓰는 시간을 가졌다. 이어서 미술 시간에는 과거-현재-미래까지의 일생을 플립북으로 제작했다. 자기 삶에 대한 진지한 성찰이 수행평가로까지 이어졌으니 교육과정과 수업과 평가가 일체화된 것이다. 아이들은 스스로 만든 결과물에 성취감을 갖고 본인의 인생에 대해 진지하게 고민하는 시간을 가졌다.

1학년 1학기 사회 교육과정 재구성(전주우림중, 2016)

시기		기간 및 행사	교과통합 수업	대단원 및 소단원	(핵심) 성취 기준	평가 계획
월	주					
3월 (만남과 약속)	1	3. 2~3. 4	국어: 자기 소개하기 영어: 미래의 명함 만들기 도덕: 내가 해야만 하는 것 목록 만들기 사회: 청소년과 사회화 수학: 최대공배수와 최소공배수-나의 수학적 친구는 누구일까? 진로: 나의 발견	Ⅷ-1. 사회화와 청소년기의 특징 Ⅷ-2. 사회적 지위와 역할	사92011 사92012	국어: 자기소개하기(말하기 5점) 도덕: 목록표 제출
	2	3. 7~3. 11				
	3	3. 14~3. 18		Ⅷ-3. 사회 집단	사92013 사92014	
	4	3. 21~3. 25		Ⅰ-1. 위치 표현의 방법과 활용 Ⅰ-2. 위치에 따른 인간 생활 Ⅰ-3. 지리 정보 체계와 활용	사91011 사91012 사91013	
	5	3. 28~4. 1				
4월 (생명 존중)	6	4. 4~4. 8	음악: 생명 존중을 주제로 뮤직비디오 제작 영어: 반려동물을 위한 서약서 쓰기 도덕: 나의 버킷리스트 작성해서 발표하기 과학: 현미경을 통한 세포 관찰 보건: 감정의 관리	Ⅻ-2. 선거의 의미와 제도	사92052	사회: 총선 후보 공약 분석 (수행평가 10점)
	7	4. 11~4. 15 (4·13 총선)		Ⅻ-1. 정치 과정과 정치 주체 Ⅻ-3. 지방 자치 제도와 시민 참여	사92051 사92053	
	8	4. 18~4. 22		Ⅱ-1. 인간 거주와 자연환경 Ⅱ-2. 인구가 밀집한 지역 Ⅱ-3. 거주 지역의 변화	사91021 사91022 사91023	영어: 쓰기 평가 (수행평가) 도덕: 작성 발표 (수행평가) 과학: 탐구 보고서 (수행평가)
	9	4. 25~4. 29				

월		기간	교과	단원	코드	평가
5월 (감사)	10	5. 2~5. 6 (1차 고사: 2~4)	도덕: 가정생활과 도덕 영어: 감사의 편지 쓰기 사회: 우리나라의 자 연경관 과학: 풀 한 포기에도 감사를 사회: 가족과의 여행 수학: 고마우신 부모님 (부모님의 일생을 방정식으로 나타 내기)	III-1. 극한 지역에서 의 생활 III-2. 건조 지역에서 의 생활 III-3. 툰드라 지역에 서의 생활	사91031 사91032 사91033	
	11	5. 9~5. 13				
	12	5. 16~5. 20 (현장체험/ 체육대회)				
	13	5. 23~5. 27		IV-3. 우리나라의 매력 적인 자연 경관	사91043	사회: 가족과 함 께하는 여 행 계획서 (수행평가 10점)
6월 (평화)	14	5. 30~6. 3	사회: 통일의 필요성 과 통일을 위한 노력 영어: 평화 관련 영어 포스터 만들기 도덕: 통일이 되면 나 의 삶의 변화는? 음악: 평화와 통일을 주제로 모둠별 노래가사 바꿔 부르기 체육: 평화를 주제로 신체 표현하기	IV-1. 기후 환경을 찾 아가는 여행	사91041	음악: 모둠별 음 악회(30점) 체육: 모둠 평가 영어: 개별 평가
	15	6. 6~6. 10		IV-2. 지형 경관을 찾 아가는 여행	사91042	
	16	6. 13~6. 17		X-2. 남북 분단 과정과 통일의 필요성	사92032	
	17	6. 20~6. 24		X-1. 현대 사회와 사 회 변동	사92031	
7월 (건강과 안전)	18	6. 27~7. 1	국어: 예측하며 읽기 영어: 건강 관련 표어 제작 체육: 건강과 안정에 관한 신문 만들기 사회: 자연재해의 종 류와 대책 수학: 인스턴트 음식과 우리들의 건강 보건: 약물 오남용 및 흡연, 음주예방	V-1. 자연재해의 발 생과 영향	사91051	
	19	7. 4~7. 8 (2차 고사: 5~8)				
	20	7. 11~7. 15		V-2. 인간의 활동과 자연재해	사91052	
	21	7. 18~7. 20 (방학식: 20)				사회: 포트폴리오 (10점)

다음 해에 다시 워크숍을 열었다. 전년도에 처음 시도해 보았던 프로젝트 수업이 나름 보람과 성과가 있었던 모양이다. 교사들이 더욱 적극적으로 교육과정 재구성에 나섰다. 오랜 회의 끝에 학교 행사와의 연계,

계절의 변화에 따른 감수성, 우리가 소중히 가르쳐야 할 가치 등을 고려하여 인성 주제를 잡았다. 3월은 만남과 약속, 4월은 생명 존중, 5월은 감사, 6월은 평화, 7월과 8월은 건강, 9월은 자율과 책임, 10월은 즐거울 락樂, 11월은 인권, 12월은 나눔으로 정했다.

이러한 주제로 교사들은 교과서의 내용을 자르고 오리고 붙여서 '월별 인성 교육과정'을 탄생시켰고, 지금까지 실시해 오고 있다. 교과를 넘나드는 일관된 주제로 배려와 다양성, 관용 등을 배우게 되었고, 동료애와 주인의식, 소속감이 형성되었다. 그리하여 개교한 지 얼마 되지 않았지만, 학교는 교육과정 중심, 수업 중심의 학교문화가 점차 안정적으로 정착되어 갔다.

독일의 헬레네랑에 학교는 20년의 고민으로 지금의 프로젝트가 완성되었다. 그 학교의 자료실에는 20년간의 학습 도구와 활동지가 축적되어 쌓여 있다. 반면에 우리는 혁신학교 시작 몇 년 만에 그전에 없던 새로운 교육과정과 수업과 평가를 만들어 가고 있다.

이러한 수업을 위해서는 교사 간의 소통이 선행되어야 한다. 열린 사고와 겸허한 자세로 본인의 수업을 드러내 놓고 이야기를 나누지 않으면 함께 만들어 갈 수 있는 지점을 찾기가 어렵기 때문이다. 교사의 이러한 소통의 노력은 수업과 학생들에게 고스란히 반영된다. 교사들이나 학생들과 소통하지 않는 교사는 통합 수업을 할 수가 없다.

또한 다양한 삶과 연계된 통합 수업에는 수많은 해답이 존재하게 되고 이는 하나의 정답을 향해 가는 경쟁을 약화시킨다. 비로소 알피 콘이 말하는 모두가 성공하는 시스템이 갖춰진다. 그리하여 협력을 강조하는 통합 수업을 많이 경험한 학생들은 자존감과 성취감이 높아지고,

타인과 의사소통하는 능력이 우수해진다. 이것이 바로 역량 중심의 진짜 공부이다.

마. 나를 알고 세상을 알게 돼요(진로교육)

요즘 덴마크의 휘게 라이프Hygge Life에 대한 관심이 높다. 휘게 라이프는 덴마크식 슬로 라이프slow life이고, 이는 누군가와 함께 나누는 소박한 행복을 의미한다. 경쟁보다는 협력을 강조하고 자신의 행복을 소중히 여기는 덴마크에서는 고등학교에 진학하기 전에 1년간의 갭 이어 Gap year가 있다. 그 시간 동안 에프터스콜레에 진학하여 친구들과 기숙 생활을 하면서 자신에 대해서 충분히 생각해 보는 시간을 갖는다.

초등학교 때 한 2년 정도 정말 저에 대해 생각만 한 거예요. 저만의 색깔을 찾아요. 그 의식을 머리에 들어오게 하는 게 힘든데요. 그때 패션잡지 스크랩도 했었어요. 스크랩한 것을 친구들끼리 비교를 해 봐요. 성향이 거기서 딱 보여요. 색깔별로 분류한 애들도 있고, 스타일별로 분류한 애도 있고, 그런 것 다 상관없이 자기 혼자 막 분류한 애가 있어요. 나에 대한 생각을 지금 해야겠다. 이런 생각을 해요. 남들이 '너는 자신감, 자존감이 엄청 높은 사람 같아'라고 말해요. 그 이유가 일단 자신에 대해 확실히 알기 때문이 아닐까요? 자기에 대해서 아무런 확신이 없는 사람이 내가 뭘 좋아하는지도 모르겠고, 뭘 하고 싶은지도 모르는 사람은 자존감이 높을 수가 없어요.
                                                            남원초 오예진

덴마크처럼 갭 이어를 보내지는 않았지만, 예진이는 학교에서 줄곧 자신에 대해 탐색하는 시간을 가졌다. 내가 좋아하는 색깔, 좋아하는 음식, 스크랩하는 방식 등을 고민하며 끊임없이 나를 찾아갔다. 그러한 자아 정체감을 형성해 가면서 자존감도 올라가는 것이고 회복력도 강해지는 것이다. 진짜 공부의 핵심은 내가 살고 있는 환경, 문맥 속에서 나를 알아 가는 것이고 그 후에는 나의 진로도 스스로 찾아 결정할 수 있다.

질문자　현중이의 꿈은 뭐야?

이현중　목수예요.

질문자　언제부터 목수라는 꿈을 갖게 되었어?

이현중　처음에는요, 제가 안마를 잘해서요. 그것을 잘한다고 해서요. 제가 안마하는 꿈을 가졌고요. 장래 희망을요. 근데요, 제가요, 그 뭐냐… 그 목공이 있거든요. 목공을 갔어요. 목공은 제가 설계하고 자르고 만들어서, 재미있어서요. 목수로 바꿨어요.

질문자　현중이는 왜 그런 게 좋을까?

이현중　자유롭잖아요.

질문자　자유롭다. 네가 하고 싶은 대로 할 수 있는 거다?

이현중　네에.

질문자　누가 시켜서 하는 게 아니야?

이현중　네에!　　　　　　　　　　　　　　　　　　　　　　　　　장승초

현중이는 처음에 안마사가 되는 것이 꿈이었다. 어른들에게 안마를

하면 "아, 시원하다."고 칭찬을 받았기 때문이었다. '나도 잘하는 것이 있구나!' 하는 자신감이 생기기 시작했다. 그러나 이런 꿈은 목공을 하고 나서 바뀌었다. 현중이에게 목공은 자유를 준 소중한 경험이었다. 오늘도 나무를 보며 어떤 의자를 만들까 상상하고 있다. 직접 설계하고 자르고 만드는 과정이 정말 멋진 일이란 생각이 들고 신이 난다. 현중이는 가장 자유로운 순간이 언제인가를 느끼고 그것을 계속하고 싶다는 생각을 한다. 하고 싶은 일을 직업으로 하면서 살겠다는 생각을 하는 것이다. 이것이 바로 참다운 진로교육이며 삶을 가꾸는 진짜 공부이다.

> **송준기** 아무래도 중학교를 다니면서 성격의 변화에서 도움이 큰 거 같아요. 나의 성격은 보수적이면서 진보적이에요. 내가 하고 싶은 일을 하면서 살고 싶었고 그래서 진로를 많이 고민했어요. **덕일중**

> **조영민** 저는 중학교 때 진로에 대한 많은 상담을 했어요. 중학교 2학년 때 담임 선생님이 많은 관심을 주셨어요. 저는 제가 하고 싶은 것을 하고 살고 싶었어요. 덕일중학교는 내가 하고 싶은 것을 할 수 있는 힘이 생기게 하는 학교예요. 초등학교 때는 소극적이었는데, 학생회 일과 선도부, 독서교실을 하면서 많이 적극적으로 변화해 나간 거 같아요. **덕일중**

우리가 행했던 진로교육은 많은 직업을 소개하고 그중 몇 가지를 체험하는 것에서 그치는 경우가 많았다. 안타깝게도 그것은 진로교육이라

할 수 없고 그저 타인의 생활을 한 번 경험해 보는 것에 지나지 않는다.

올바른 진로교육은 단순한 직업 체험을 넘어서서 아이들에게 스스로 생각할 시간을 많이 주고, 끊임없이 자신에 대해 탐구하고, 자신이 좋아하는 일, 행복해질 수 있는 일을 찾게 하는 것이다. 많은 직업군을 나열하여 소개하는 협소한 형태의 진로교육이 아니라 자신의 흥미와 관심 분야를 키우고 어떤 삶을 살아갈 것인지를 생각하는 진로교육이 이루어져야 한다.

지금까지 살펴본, 교사 측면의 교사 동아리와 교육과정의 통합, 수업 나눔, 성장평가와 학생 측면의 체험학습, 독서, 글쓰기, 민주시민교육, 통합학습, 진로교육 등은 빙산의 일각처럼 학생들과 교사가 말하는 진짜 공부의 일부분일 수 있다. 혁신학교에서 시작된 이러한 교육 프로그램들은 시나브로 많은 학교에서 실시되며 자연스럽게 학교 혁신으로 확산되고 있다.

진짜 공부란 성장하는 아이들이 스스로 더불어 삶을 가꾸는 교육이다. 이러한 교육 방향의 설정과 프로그램의 제시는 미래의 핵심역량을 가질 우리 아이들이 해야 할 진짜 공부의 길잡이가 될 것이다.

학교 혁신의 길을 찾기 위해 나눈 대화 중 한 선생님의 말이 아직도 내 삶에 울림으로 남아 있다.

"혁신학교를 통해 나는 퇴직할 때까지 교사로 살아갈 힘을 얻었다. 그것도 아이로부터!"

3강

따뜻한 관계로 만나다

1. 따뜻한 만남은 뭘까?

사람이 온다는 건 실은

어마어마한 일이다

그는

그의 과거와

현재와

그의 미래와 함께 오기 때문이다

한 사람의 일생이 오기 때문이다

_정현종의 시 「방문객」 중에서

나이가 들수록 사람을 만나는 게 쉽지 않다. 사람을 만난다는 것은 그 사람의 개인적인 역사와의 전면적인 만남을 의미하기 때문이다. 우리가 학교라는 공간에서 마주하는 아이들과의 만남도 마찬가지다. 교사로서, 인간으로서 일상의 많은 만남들 중에 소중한 인연으로 가꾸어 갈 만남은 어떤 모습이어야 할지 그려 본다.

가. 선생님, 관계를 고민하다

질문자 선생님이 되겠다는 것에 영향을 준 게 있을까요?

강미연 중·고등학교 다니면서 선생님들 영향을 정말 많이 받았어
요. 가치관을 형성하고 앞으로 어떻게 살겠다는 다짐을 하
는 데 선생님들께서 많이 도와주셨고, 선생님이 제 삶을 많
이 바꿔 놨단 생각이 들면서, 엄청 영향력이 있다는 생각이
들어요. 주변에서는 '네가 학교 다니면서 선생님만 봤으니까
그게 하고 싶은 거다'라는 말씀들도 하시는데 그냥 한 번 꽂
힌 거니까 해 봐도 나쁘지 않을 것 같다는 생각이 들었어요.

회현중

정현종 시인의 「방문객」이란 시에서 느껴지는 만남의 묵직한 무게감
을, 군산회현중학교 졸업생과의 인터뷰에서도 느낄 수 있었다. 보이지 않
는 땅속에 숨어 있다 싹트는 씨앗이 좋은 싹이 될지 나쁜 싹이 될지 알
수 없다. 교사로서 무심코 던진 말 한마디가 아이들에게 어떤 영향을 줄
지 알 수 없기에 두렵기도 하다.

오스트리아의 철학자 마르틴 부버는 인간은 '나'라는 존재만으로는
살아갈 수 없으며, 누군가와의 만남을 통해 살아간다고 했다. 또 만남은
인간과 한 세계와의 만남이며, 그러한 만남에는 누군가와의 대화가 반
드시 필요하다고 했다. 학교라는 공간은 우리의 아이들이 세상으로 가
는 길목에서 만나는 또 하나의 작은 세계이다. 이렇게 작은 세계에서도
다양한 형태의 만남이 이루어지며 그물망같이 형성되는 관계들에 의해

역동적으로 돌아간다. 그렇지만 우리 교육은 교육과정에서 사람 사이의 만남과 관계를 가르치고 배우는 데 소홀하다. 교사들도 아이들과의 만남에 대해 진지하게 고민해 볼 기회가 별로 없다. 인공지능의 등장으로 급격한 변화가 예고되는 4차 산업혁명을 앞두고 있다. 이러한 시대에, 교사들은 몇 년 후면 쓰레기통에 버려질지도 모르는 지식을 전달하고, 맡겨진 업무를 처리하는 데 급급한 사람에 불과한 것은 아닐까! 늦었다고 생각할 때가 가장 빠른 때라고 하니, 이제라도 고민해 봐야 하지 않을까!

그렇다면 우리는 학교에서 아이들과 어떻게 만나야 할까? 따뜻하게 만나야 한다는데, 그것은 무엇일까? 왜 필요할까? 우리는 이런 질문의 답을 찾기 위해 혁신학교에 근무하는 교사들과 학생들에게 물었다.

나. 따뜻한 시선, 따뜻한 만남

따뜻한 만남이란 이런 게 아닐까 생각해 본다. 〈어른이라는 거짓말〉이란 웹툰의 작가 원동민은 '잘못한 적 없다, 내 어릴 적 이야기' 편에서 어릴 적에 다닌 미술학원에서 목이 길어서 스케치북에 다 그리지 못한 목 없는 기린 그림을 본 선생님 이야기를 들려준다. 선생님은 8절지가 작아서 그런 거니 앞으로는 4절지 스케치북에 그리라고 하셨고, 그 이후로 어린아이가 들고 다니기 버거운 스케치북을 가지고 다녔다고 한다. 작가는 두 배 넓어진 세상에 신나게 그렸고, 덕분에 잘 그리진 못해도 그림만큼은 마음껏 그리면서 그림을 두려워하지 않게 되었다고 이야기했다.

이 장면에서 대개는 어떻게 했을까? '처음부터 생각을 하고 그렸어야지'라며 아이의 잘못을 먼저 지적했을 것 같다. 그렇지만 이 장면엔 어린아이의 눈으로 바라보는 선생님의 따뜻한 시선이 있다. 생각만으로도 절로 미소 짓게 된다.

이처럼 따뜻한 만남에는 만남의 상대를 향한 사랑스러운 시선과 감동이 있다. 그리고 변화와 성장이 숨겨져 있다. 미술학원 선생님은 장차 이 어린아이가 웹툰 작가로 성장할 거라고 생각했을까? 따뜻한 만남의 필요성은 바로 그 지점이 아닐까!

따뜻한 말 한마디에는 햇빛도 있고, 물도 담겨 있다. 따뜻한 만남은 아이들을 건강하게 자라게 하며, 배움과 함께 춤추게 한다.

2. 동료는 축복이다

동료 교사와의 만남은 학교라는 공간에서 이루어지는 아이들과의 만남과는 또 다른 형태의 만남이다. 결코 가볍지 않은 만남이다.

최근에 임용되는 새내기 교사들은 교육대학이나 사범대학을 졸업하고 임용고시를 거치면서 교과 지식과 교육적 이론은 비교적 잘 준비되어 있으나, 아이들과의 관계 형성이나 업무에 대한 준비는 다소 부족한 상태로 현장에 곧바로 들어온다. 낯선 업무와 환경 속에, 다양한 아이들이 얽히고설킨 정글과도 같은 교실에서 만남이 이루어진다. 그러다 보니 따뜻한 만남이 아니라 통제적이며 형식적으로 아이들과 만나는 경우가 종종 있다. 경력이 많은 교사라고 예외는 아니다. 이러한 어려움은 좋은 동료를 만나면서 극복할 수 있다. 함께하는 동료 교사가 있다는 것은 교사로 살아가는 데 큰 힘과 위로가 된다. 더 이상 외롭지 않다.

질문자 동료 교원의 힘? 격려? 필요하죠? 그런 분이 계신가요?

교　사 많죠. 딱 해도 벌써 대여섯 명은 떠오르는데요. 그 힘이 큰 것 같아요. 학교에 있을 땐 아휴 저 선생님 왜 저런데, 이러다가도 다른 학교 가서 연수를 했는데 그 분위기가 영 짱이에요. 그러면 역시 우리 학교 선생님들이 최고라는 생각이, 그래도 수업은 열잖아, 뭐 다 하잖아 이렇게 되는… 몇 년의 갈등을 겪으면서도 일주일마다 한 번씩 얼굴을 맞대면서 맺어진 그런 게 좀 있는 것 같아요.

회현중

다음은 좋은 동료 교사와의 소중한 만남을 생각하며 쓴 교사의 글이다.

나에게 변화가 일어난 것은 두 분의 좋은 선배 교사를 만나면서부터였다. 같은 학년을 맡아 서로 협의하고 아이들을 함께 지도했던 기억은 나에게 새로운 교사상을 보여 주었고 교사로서의 자존감을 가지게 했다. 모든 담임교사들은 아이들을 보다 잘 이해하기 위해 맡은 학급 전체 학생의 가정을 방문했다. 2011년 덕일중학교에 배정된 신입생 120명 중 절반 정도의 학생들이 학교 배정에 대한 불만으로 3월 한 달 동안 인근의 학교로 전출했던 사태가 있었고, 그로 인한 위기를 극복하기 위해 혁신학교를 추진하게 되었다. 다른 학교로 전근을 갔다가 2년 만에 돌아온 덕일중학교는 수업 개선에 집중하면서 새로운 변화들을 시도하고 있었다. 민주적인 학교문화를 만들어 가려 했고, 여태 해 본 적이 없는 배움의 공동체 수업과 긴 협의회를 통해 무엇인가 가슴 뭉클함을 느끼기도 했다. 드러나지 않는 거부감과 우여곡절 속에서도 공개수업은 아슬아슬하게 이어지고 있다.

2011년부터 2013년까지 혁신학교 지정 첫 3년간을 시즌 1이라고 표현하는데 그 3년은 다들 치열했고 힘들었다. 나 또한 그랬다. 2014년, 혁신학교 업무가 내게로 왔다. 솔직히 자신이 없었다. 그것은 지금도 그렇다. 혁신학교에 대한 뚜렷한 교육철학이 있었던 것도 아니었고, 그렇다고 수업을 잘하는 교사도 아니었다. 그래서 할 수 있는 만큼만 하자고 다짐했고, 무엇보다도 혁신학교 지정으로 늘어난 업무를 줄여야겠다고 생각했었다. 교육기획부장과 함께 투톱 체제로 2년 정도를 보냈다. 3년 차 되던 해에는 연구혁신부장을 동료 교사에게 맡기고, 혁신 업무만을 담당했다.

둘이 되니 좋았다. '백지장도 맞들면 낫다'는 말을 실감했다. 무엇이든지 함께 논의하고 출장도 함께 다녔다. 주위에서도 보기에 좋다는 말을 했다. 올해에는 교육과정운영부장과 교육혁신연구부장까지 담임을 맡지 않고 셋이서 함께 하고 있다. 여기에 교사들의 업무를 지원해 줄 인력을 채용하고 나니, 명실상부한 TF가 구성되었다. 도움을 요청하기 위해 교무실을 찾는 교사들의 발걸음이 가볍다.

또한 혁신학교 초기부터 우리 학교에 있었던 교사 동아리 활동에서 종종 큰 도움을 받는다. 함께 독서토론도 하고 연수도 받으면서, 교육과정 운영에 필요한 의견과 아이디어를 구한다. 한번은 이런 일이 있었다. 『교사, 수업에서 나를 만나다』(김태현)를 읽고 토론을 하던 중에 1학년 아이들이 수업 시간에 잘 듣지 않고 분위기가 산만하다는 이야기가 나왔다. 토론을 함께 하던 여러 교사들이 이에 공감했고, 각자가 하고 있는 학생 지도 방법에 대한 이야기를 나누게 되었다. 이야기의 끝에 1학년 수업을 들어가는 교사들이 하나의 방법을 선택하여 적용해 보기로 했다. 그 결과 긍정적인 변화가 일어나는 것을 확인했고, 우리는 함께 지도하는 것의 중요성을 실감했다. 덕일중 교사 ○○○

새는 알에서 깨어나는 고통을 견뎌야만 한다. 개인적으로는 민주주의를 지향하지만 그러한 사회에서 살아 본 경험이 없는 교사들이 민주적인 삶을 살아 내려고 하는 경우 시행착오를 불러올 수밖에 없다. 가 보지 않은 길을 가는 것은 쉽지 않다. 혼자 가는 그 길은 외롭다. 그러나 함께하는 동료가 있다면 힘들어도 이겨 낼 수 있고 즐겁게 갈 수 있다. 교사로 살아감에 있어 곁에 뜻을 같이하고 힘과 용기와 위로가 되어 주는 동료가 있다는 것은 축복이다.

3. 아이들과 진심으로 만나요

우리는 교실에서 아이들을 어떻게 만나는가? 교단 위에 올라서는 것이 불편한 마음일 때가 있다. 교단 위에 서면 어쩔 수 없이 학생들을 내려다보게 된다. 그 안에 담긴 시선은 학생들을 나보다 어린 존재로 보게 된다. 아직은 미숙하고 실수하기 쉬우므로 언제나 도와주어야만 하는 존재로 여기는 것이다. 그래서 학생들과 인격을 가진 사람으로 만나지 못하고 성숙한 어른과 미성숙한 아이로 만나는 것이 아닐까! 어른들의 눈으로 보면 실패이며 사소한 것들도 아이들의 눈으로 볼 때는 성공이며 중요한 것들이 되기도 한다. 어른들이 실패라고 여기는 것들을 통해서도 아이들은 배우는 것이 있다. 이러한 사실을 깨닫기까지 꽤 오랜 시간이 걸렸다.

아이들은 어른과는 다른 눈으로 세상을 바라보곤 한다. 그렇기 때문에 교사들은 아이들의 눈으로 세상을 보려고 부단히 노력해야 한다. 그런데 우리 아이들의 시선에 남아 있는 선생님과의 만남은 어떤 모습으로 기억되고 있을까?

가. 이름을 불러 주었어요

그는 다만
하나의 몸짓에 지나지 않았다
내가 그의 이름을 불러 주었을 때
그는 나에게로 와서
꽃이 되었다
_김춘수의 시 「꽃」 중에서

이름을 불러 준다는 것은 내가 너를 알고 있음을 뜻한다. 이것은 상대에 대한 관심의 표현인 동시에 상대방으로 하여금 친근함을 느끼게 한다. 작은 학교에서는 교사들이 전체 학생들의 이름을 하나하나 불러 줄 수 있다. 일대일로 만났을 때 이름을 불러 주면 한결 관계가 부드럽다. 혼을 내야 하는 경우에도 그렇다.

그렇지만 이름을 불러 준다는 것이 단순하게 그냥 이름을 불러 줘야 한다는 것은 아니다. 그 안에 관심과 사랑이 없으면 그것은 그냥 귓전을 스쳐 가는 소리에 불과하다.

자세히 보아야 예쁘다
오래 보아야 사랑스럽다
너도 그렇다
_나태주의 시 「풀꽃」 중에서

스치듯이, 지나치듯이 보면 보이지 않는 것들이 있다. 일부러라도 예쁘고 긍정적인 구석을 찾아보아야 한다. 그러려면 아이들을 사랑과 관심으로 보다 자세히 살펴야 한다. 그리고 아이의 필요가 무엇인지 눈치채고 채워 줘야 한다.

어느 날 아이의 눈 아래가 시퍼렇게 멍이 들어 까닭을 물으니 나무 위에 올라갔다 떨어졌단다. 자세히 살펴보니 주먹으로 맞은 게 분명한데도 아이는 사실을 털어놓지 않고 피하려고만 했다. 학교에 근무하는 교육복지사에게 도움을 청했다. 고등학생 형에게 맞았다는 것을 은밀하게 알아내었다. 담임교사가 보육원에 전화하여 사실을 알렸고 관련자들이 학교로 찾아와 아이에게 직접 사과했다. 그제야 아이는 "선생님, 어떻게 아셨어요?"라며 밝은 표정을 지어 보였다. 그 후부터 아이는 교사를 신뢰하는 학생으로 변화했다. 1학년 때 이 아이는 분노조절장애가 있어서 오랫동안 상담치료를 받은 적이 있다. 학교에 대한 생각이 담긴 짧은 글을 통해 교사의 작은 관심과 사랑이 이 아이의 성장에 얼마나 크게 도움이 되는지 알 수 있다.

내가 2년 동안 다닌 우리 덕일중은 정말 뜻이 있는 학교다. 초등학교처럼 선생님들의 관심과 사랑을 많이 주는 학교다. 이 학교는 베푸는 학교여서 학교가 아니고 그냥 뭐지 하는 기분이 든다. 정말 좋은 학교란 뜻이다. 나는 우리 덕일중이 유명한 학교, 부럽지 않은 학교라고 생각하면서 학교를 다닌다. 우리 학교는 좋은 선생님들이 벌 떼처럼 몰려 계신다. 그래서 하기 싫은 과목도 하게 된다. 이렇게 좋은 학교여서 친구들도 착해지는 것 같다. 우리 2학년은 1학년 때 완전 개판이었다. 하지만 조금씩 변화가 생겼다. 나도 그 큰 변화를 느꼈다. 중학교라는 시기가 중요한 시기인데 우리에게 그나마 편안하게 고등학교를 가는 길이기도 하다. 이 중요한 시기가 편안한 시기 같은 느낌이 든다. 나에게는 발전과 노력의 선물을 준 학교다. 그리고 나에게 글을 쓰게 해 준 고향이기도 하다. 고향은 태어난 고향만 있는 것이 아니다. 새로운 도전의 시작이 되기도 한다. 나의 글 솜씨는 이 학교에 계신 선○○ 선생님 덕분이라 생각한다. 나의 추억 속에는 이 학교가 많이 기억날 것 같다. 학교에 정이 남으면 언젠간 학교를 다시 찾게 된다. 나에게는 그 정 많은 학교를 찾을 만큼 정말 좋은 학교다. 초등학교보다 좋은 학교, 더 좋은 학교로 변화하길 빈다. 　　　　　　　　　　　　　　　　　　덕일중 최○○

어느 학교의 교육복지사가 학생들을 대상으로 실시한 작은 소원 성취 프로그램에 다음과 같은 내용이 있었다. "쌀이 떨어지면 라면을 먹어야 하는데, 라면이 없어요. 내 소원은 라면을 받는 거예요." 이렇게 말하는 아이에게는 쌀과 라면 이외에 다른 어떤 것도 의미가 없다. 배고픈 사람에게는 음식이 필요하고, 목이 마른 사람에게는 물이 필요하다. 그 사람에게 현재 필요한 것이 무엇인지를 알아야 그에 맞는 도움을 줄 수 있다. 아이들의 욕구와 필요를 채워 주는 것, 그것은 사랑과 관심 없이는 불가능하다. 그 하나하나에 관심과 사랑을 주려면 학생 수는 적을수록 좋다. 학급당 학생 수가 줄어들면 학교폭력도 줄어들게 된다. 이러한 사실은 아이들도 알고 있다.

질문자 장승초등학교 갔을 때 어땠어?

이현중 음, 엄청 좋았어요.

질문자 친구들의 어떤 점이 좋았어?

이현중 말하는 게 편해요. 그리고 거기 반에도 사람이 별로 없어서. 대화… 같이 대화하는 것도 편하고 다 같이 놀고 말하니까 재미있었던 것 같아요. 장승초

아이들 하나하나가 더없이 소중한 시대이다. 아이들 모두 학교폭력으로부터 안전하고 행복한 학교생활이 이루어지도록 해야 할 것이다.

꽃들에게 인사할 때
꽃들아 안녕!

전체 꽃들에게
한꺼번에 인사를
해서는 안 된다.

꽃송이 하나하나에게
눈을 맞추며
꽃들아 안녕! 안녕!

그렇게 인사함이
백 번 옳다.
_「꽃들아 안녕」, 나태주

아이들 이름을 하나하나 불러 주는 것은 관심의 시작이다. 수업 나눔을 통해 더욱 관심과 사랑이 필요한 학생이 있으면 교과 선생님들마다 저마다의 관심과 사랑으로 만났다. 우리는 학생들과 만날 때 꽃송이 하나하나에 눈 맞추듯 아이들 하나하나의 짧은 인생에 대한 이야기들을 나누며 만나고 있다. 이렇게 교사와 학생은 따뜻한 만남을 지속적으로 만들어 간다.

나. 친구처럼 지냈어요

대부분의 교사들이 권위주의 문화, 유교사상 아래서 어른을 공경해야 하는 존재로만 배워 왔다. 그래서 어른과 아이를 친구관계 또는 수평관계로 놓고 생각하기 쉽지 않다. 그 시절의 아이들에게 어른은 공경의 대상이며 어렵고 불편한 존재였다. 그런데 이제 우리 사회에도 많은 변화가 나타났고, 어른을 대하는 아이들의 태도 또한 달라지고 있다. 과거에 어른이면서 존경받는 집단에 속해 온 교사들은 전과 같지 않다는 것을 실감하고 있다. 그러니 어쩌랴! 이제 교사들이 먼저 아이들을 새롭게 대해야 할 때이다.

등산하면서 교장 선생님과 이야기를 많이 하게 됐어요. 학교생활 중 힘든 게 있었는지 저희들에게 물어보시기도 하셨어요. 그러다 보니 교장 선생님과 친해지게 되었고, 교장실에 찾아갔을 때 대금을 불어 주기도 하시고, 딘꿀빵을 주시기도 했어요.

남원초 오예진

남원초등학교를 졸업하고 고등학교에 다니는 예진이는 등산하면서 교장 선생님과 친구처럼 지내게 된 것을 기억하고 있었다.

초등학교 때는 담임 선생님과 친구처럼 지냈어요. 담임 선생님이 좋은 노래 추천해 주시고 같이 들어 보기도 하면서 지냈어요. 그런데 중학교에 들어오니 각 교과 선생님들이 계시고, 교과 선생님들은 수업만 하고 나가셔서 친해지기 어려웠어요. 초등학교에 비해서 담임 선생님들도 저희들에게 관심이 크게 없으셨어요.　　　　　장승초 이현중

장승초 현중이는 초등학교에서 선생님들과 친구처럼 지낸 기억을 그리워하며 중학교에서도 그렇게 지내고 싶어 한다. 이와 같이 아이들은 친구처럼 친절한 선생님을 원한다. 그래서 교사들은 친절하게 대하려고 노력하지만, 가끔 아이들에게 친절하게 하는 것이 마냥 좋은 일이기만 할까 하는 생각을 할 때도 있다. 친구 같은 선생님이 되려다가 경계가 무너지면서 학생들을 감당하지 못하는 교사들도 있다. 수직 관계에서 수평 관계로 전환되고, 일방적 전달자에서 상호 협력자의 관계로 바뀌면서 친구처럼 편하게 마음을 터놓고 이야기하는 것은 좋지만, 교사와 학생, 스승과 제자라는 관계에서 서로를 존중하고 배려하는 마음까지 무너져서는 안 된다.

어느 혁신학교의 체육실은 언제나 열려 있다. 심지어 체육실에 교사가 없을 때에도! 아이들은 체육실에 들어가서 소파를 차지하고 이야기를 나눈다. 강당에는 운동화를 신고 출입할 수 있다. 맨발이나 실내화를 신고 운동하면 아이들이 위험해질 수 있기 때문이라고 한다.

날이 좋은 계절에는 나무 그늘에서 기타 반주와 함께 음악 수업이 이루어진다. 벚꽃이 한창일 때는 아이들과 함께 산책을 가고, 자전거를 타고 아이들과 천변을 달리기도 한다. 어려운 일이 있으면 찾아가서 이야기를 나눌 교육복지사, 상담교사도 있다.

교무실은 언제나 들어올 수 있는 열린 공간이다. 교무실에 와서 필요한 것을 말한다. 무엇이든지 원하는 것이면 도와줄 준비가 되어 있다. 회의실은 교사와 학생들이 함께 사용한다. 그래서 학생자치실이 따로 없다. 학교라는 공간 어디도 학생들이 갈 수 없는 곳은 없다. 그래서 장터같이 시끄러울 때도 있다.

교사와 학생들이 함께 하는 것이 많다. 학생들이 교사의 배려를 몸으로 마음으로 느끼고 있다. 그래서 서로가 존중한다. 가끔 교사의 지도에 불만이 있는 경우가 있기도 하지만 예의를 벗어나는 경우는 거의 없다. 학생들은 선생님이 학생을 위한다는 믿음을 갖고 있기 때문이다.

때로 이렇게 친절하고 배려를 받으며 혁신학교를 졸업한 우리 아이들이 고등학교에 진학한 이후에도 과연 괜찮을까라는 의문을 갖기도 한다. 여전히 입시 위주의 교육이 주로 이루어지는 학교에서 보살핌과 배려가 필요함에도 많은 아이들 속에 묻혀 잊힌 존재로 지내며 힘들어하고 있다는 말을 듣게 되면 마음이 무척 아프다. 그렇지만 우리들과 함께했던 시간들을 기억하며 어려운 고비를 헤쳐 나가는 힘을 발휘할 것이라는 믿음을 갖고 우리는 묵묵히 그 길을 걸어 나간다.

다. 한 번 더 참고 기다려요

가정에서 갓 걷기 시작한 어린아이에게 뛰지 못한다고 혼내는 사람은 없다. 스스로 일어서서 한 발 한 발 떼는 것 자체를 응원한다. 학교에서도 마찬가지다. 학생들은 아직 모르는 것이 많아서 배우러 온 존재이다. 한 번의 배움으로 다 안다면 그 학생에게는 학교가 필요하지 않을 수도 있다. 배우는 것을 이해하지 못할 수도 있다. 틀릴 수도 있다. 때론 실수하거나 실패할 수도 있다. 그런데 교사들은 이런 학생들을 쉽게 이해하거나 받아들이지 못하는 경향이 있다. 학생들의 입장이 아니라 교사의 입장에서 바라보기 때문이다. 핀란드에서는 실패의 날(10. 13)을 만들어 실패를 경험하도록 응원한다. 프랑스에서는 풀이과정에 점수를 주어 실수하거나 일부만 알아도 점수를 받을수 있도록 한다. 이들처럼 우리도 실수와 실패도 배움의 한 과정임을 받아들여야 한다. 그리고 옆에 있는 다른 학생들과 비교하지 말고 어제보다 성장한 오늘을 바라보면서 참고 기다려야 한다.

> **교 사** 선생님들이, 한 번 더 참고. 그냥 막 성질나다가도 우리들끼리 얘기하면서 꼴 한 번 더 보지 뭐. 약간 이런 거. 좀 기다리자… 뭐 이런 이야기들이 보통 많이 오가거든요. 그 차이인 거 같아요. 그니깐 한 번 더 친절한 거, 한 번 더 참아 주는 거 뭐 이런 게 돼서. 지금 우리 3학년 애들이 작년 2학년 때 엉뚱한 짓들을 많이 했거든요. 저 아이들을 어떻게 해야 되나 이랬는데, 3학년이 됐을 뿐인데 확 달라져 있는 거예요.

그리고 '선생님, 저 진짜 인간 되었지요'라는 얘기를 하고. 다른 게 아니라 쥐어박고 싶은 걸, 한 번 더 참고, 한 번 더 기다리고 그러면서… 이런 게 아닐까….

질문자 그게 어떻게 가능한 것 같아요?

교 사 문화죠, 문화. 선생님들이… 나 혼자면 못할 것 같은데, 전체적인 학교문화가 그렇고, 많은 선생님들이 한 번만 더 꼴 봅시다. 뭐 약간 이런 분위기 이런 게 되니까 가능한 게 아닐까 해요.

회현중

회현중 교사는 다년간 혁신학교에 근무하면서 깨달은 사실 중 하나가 기다리면 된다는 것이라고 했다. 어렸을 때 외우기 힘들었던 구구단을 몇 년 지나 저절로 알게 되었던 것처럼, 아이들도 시간이 지나면서 그렇게 가르치기 힘들었던 것들을 해내는 것을 종종 보게 된다.

덕일중학교에서는 학기 말에 인성인권주간과 환경생태주간을 운영한다. 2014년 인성인권주간에 아이들이 학년별 발표회와 인성인권체험 게임을 하겠다고 했다. 인성인권을 어떻게 게임으로 체험하겠다는 것인지 도무지 알 수 없어서 계획을 조금 더 세밀하게 짜 오라고 했다. 그랬더니 정말 그럴듯한 아이디어의 게임을 구성해 오는 것이 아닌가! 뿐만 아니라 게임 체험 부스를 발표회와 함께 운영해야 하는 데서 오는 어려움을 지혜롭게 해결하는 방안도 마련했다. 자유롭게 이용하게 하면 아래 학년 아이들이 선배들의 눈치를 보게 되는 문제, 학년별로 이용할 수 있는 날짜를 정해 준다거나 점심시간에 운영해야 하는데 시간이 부족한 문제, 체험 부스를 운영하는 자치회 학생들도 체험을 해야 하므로 운영진 일정을 잘 짜야 하는 문제 등을 스스로 해결해 나갔다. 교사는 곁에서 지켜보며 준비물을 구입해 주고, 부족한 점심시간을 늘려 주었을 뿐이다. 염려가 되어 가르치려는 것을 참고 아이들에게 맡겼더니 스스로 어려운 문제들을 찾아내고 해결해 나갔다.

그해 전입하여 담임을 맡은 교사가 '아이들이 움직이지 않는다. 개입해야 하는 것 아니냐? 답답하다'는 말을 해도 교사가 개입하지 않는 것으로 진행되었다. 3학년 발표회에서는 연극을 했다. 연극을 한다고 하길래 준비할 시간이 부족하지 않을까 염려했다. 아나나 다를까 공연하는 날 아침에서야 대본이 나왔다면서 쪽대본을 든 채로 공연을 했다. 그런 와중에도 스태프를 구성하고 도움을 받아 무사히 공연을 했고, 좌석에 앉은 아이들은 까르르까르르 웃어 댔다. 발표가 끝나고 "선생님, 솔직히 이건 연극도 아니고 주제도 없어요. 하지만, 재미있었어요."라는 평가가 나왔다. 아이들은 준비가 부족했음을 인정하고 그 과정에서 배우고 있었던 것이다. 그저 어른의 잣대, 교사의 잣대만 내려놓으면 된다. 멋있는 축제, 그럴듯한 축제가 아니라 좀 우스꽝스러워도 아이들이 주인이 되는 축제여야 한다.

이것은 비단 아이들뿐만 아니라 교사들도 마찬가지다. 서두르다가 반발이 일어나고 어떤 경우에는 자존심을 다치게 되는 경우도 있다. 이럴 때 조금 기다리면 저절로 알아서 하게 되는 것을 여러 번 보았다. 아이들을 위해 학년 말이면 졸업생들로부터 교복을 기증받는다. 또 버리고 가는 슬리퍼들을 정리하여 멀쩡한 것들을 모아 놓는다. 아이들은 교무실에 교복과 슬리퍼가 있다는 사실을 알고 있고, 필요한 경우 교무실에 와서 도움을 청한다. 그런데 이런 게 사실은 여간 번거로운 것이 아니다.

이것들이 쌓여 있는 교무실 구석은 지저분하기까지 하다. 저것들을 활용하여 학생들이 운영하는 아름다운 가게를 열면 어떨까 하는 생각을 했지만 차마 입 밖으로 내지 못했다. 그런데 올해 뜻밖에도 진로 업무 담당 교사가 진로체험의 일부로 학교에 '행복 가게'를 열겠다면서 교복과 슬리퍼를 몽땅 가져가겠다는 게 아닌가! 그래서 즐거운 마음으로 기다리고 있다. 행복 가게가 만들어지기를!

기다림은 때로 사람을 지치게도 하지만 기다림 뒤에 있을 성장과 행복을 생각하면 어린 왕자와의 만남을 기다리는 여우처럼 벌써부터 행복한 기다림을 하게 된다. 한 번 더 참고 기다려 주는 일, 믿음과 신뢰로 품고 기다려 주는 일은 서로의 따뜻한 관계 형성에 큰 도움이 된다.

라. 반갑게 인사해요

따뜻한 아침맞이, 지금은 여러 학교에서 하고 있다. 새 학년이 시작되는 첫날과 학생독립운동기념일에는 모든 교사들이 조금 일찍 출근하여 아침맞이를 하고, 아침마다 교사들이 아이들을 따뜻하게 맞이해 준다. 아이들을 안을 때 껴안은 교사도 안기는 학생도 아직은 겸연쩍고 다소 부끄러워한다. 그래도 아이들은 교사를 무서운 어른으로 보기보다는 존중과 신뢰를 가지고 우리를 지켜 주는 어른으로 본다는 것을 알 수 있다. 신입생 등굣길에 아이와 함께 오셨다가 그 광경을 보신 부모님이 교육과정 설명회에 오셔서 보기에 좋았다고 했다. 또 이웃에 있는 초등학교 교감 선생님도 같은 말을 한 적이 있다.

아침 등굣길에 여러 선생님들이 빈희에게 '가방 메고 등교하는 모습 처음이야. 멋진걸!'이라고 하셨단다. 빈희는 평소보다 즐겁게 계단을 올라갔다. 이처럼 아이들에게 나타난 작은 변화를 알아주고 칭찬해 주면 좋은 행동이 강화될 것이다.

학부모회에서 '애들아, 아침밥 먹자'라는 캐치프레이즈로 직접 만든 정성 가득한 주먹밥을 일 년에 두 번 정도 등교맞이와 함께 제공한다. 가끔은 밥버거나 김밥을 제공하기도 한다. 아침을 굶고 왔다가 뜻밖의 먹을거리로 아이들은 행복한 하루를 시작한다.

입학식, 학생독립운동기념일, 연합고사 보기 전날, 종업식, 졸업식 등이 있는 날에는 사랑 담은 초콜릿 편지를 제공한다. 선생님들은 아이들에게, 졸업생은 신입생에게, 재학생은 졸업생에게 정성을 다해 작은 손편지를 써서, 초콜릿에 붙여 전달한다. 초콜릿의 달콤함과 함께 사랑이 전해진다. 손편지를 읽고 달콤쌉쌀한 초콜릿을 먹으며 아이들은 행복해한다.

학생자치회 주관으로 5월 5일 어린이날 즈음하여 초콜릿 편지를 써서 인근의 초등학교에 찾아가 아이들에게 나누어 주기도 한다.

교사와 학생이, 학생과 학생이 서로 반갑게 인사를 나누는 따뜻한 아침맞이는 서로의 관계를 돈독하게 하는 데 큰 힘이 되고 있다. 교육공동체가 한마음이 되어 시도해 볼 가치가 충분하다.

마. 어른으로 대접받았어요

배움의 공동체 수업 중 교사는 아이들과 눈높이를 맞추기 위해 무릎을 굽힌다. 아이들을 바라보는 시선을 낮추고 귀 기울여 듣기 위해서다. 이러한 광경을 처음 대했을 때 충격이었는데, 더 나아가 나를 낮추기보다 아이들을 올려 인간으로 존중하는 마음은 아이들을 감동하게한다.

> **강미연** 초등학교 때는 저분이 나의 선생님이다 약간 이런 느낌이 없었단 말이에요. 그냥 학교 가서 교실에서 수업 듣고 시간 되면 나오고, 그랬는데… 중학교 때는 더 큰 사람의 대접을 받았다라고 해야 하나?
>
> **질문자** 그러니까 선생님들이 조금 더 어른으로 대해 줬다? 존중해줬다?
>
> **강미연** 네. 그리고 뭔가 제가 이야기를 하면 항상 다들 진지하게 들어 주셔서 그런 점이….
>
> 회현중

이 친구는 기억 속에 있는 중학교 선생님이 자신을 큰 사람으로 대해 주셨다는 표현을 했다. 선생님들께서 진지하게 얘기를 들어 주신 것만으로도 그렇게 생각한 것이다. 진지하게 들어 주신 것은 무엇이었을까? 사소한 거 하나까지 보살펴 주는 챙김을 귀찮게 여기거나 간섭으로 여기지 않고 진심으로 받아들였는데, 그것은 교사와 학생 사이에 쌓아 온 관계에서 비롯되었다고 했다.

> **강미연** 친구들하고 사소하게 문제 있을 때, 싸우기도 하고 그러잖아요. 그런 문제들까지도 선생님들이 사소하게 케어를 해

주셨어요. 이렇게 너희들이 해결을 해서, 앞으로 이렇게 해 나갔으면 좋겠다. 직접 나서서 해 주기가 쉽지 않잖아요. 애들끼리 싸우면 니들끼리 알아서 해결해라 그러면 되는데 그런 거, 사소한 거 하나까지 보살펴 주신다는 데 감동받았어요.

질문자 간섭이라고 생각할 수 있잖아요?

강미연 아, 근데 그게 그 마음을 일단 알잖아요. 선생님과 그 선생님이 어떤 분이신지도 알고 그동안 관계를 쌓아 온 게 있기 때문에 진심을 아니까 간섭이라고 느끼진 않았던 것 같아요.
　　　　　　　　　　　　　　　　　　　　　　　　　　회현중

이러한 만남은 수업 시간에 참여하는 친구들을 변화시켰다고 했다. 자칫 경쟁으로 치우칠 수도 있는 모둠 수업에서 교사의 세심한 지도와 배려로 조원들끼리 싸우고 부족한 친구들을 탓하던 친구들이 점차 따뜻한 분위기로 변하는 게 보였다고 했다. 그러한 관심은 졸업 이후에도 이어진 모양이다.

　…중학교 때 저도 관심을 준 친구가 있는데, 최근에 자기 진로를 찾아서 내가 지금 열심히 노력하고 있다면서 되게 구체적으로 이야기를 하더라고요. 앞으로 내가 어떻게 살겠다, 나 지금 정신 차렸다면서. 걔가 고등학교에 가서 방황할 때에도 회현중학교 선생님이 계속 관심 갖고 도와주셨던 걸로 알고 있거든요. 그런 거 보면서 대단하다고 생각이 들었어요.
　　　　　　　　　　　　　　　　　　　　　회현중 강미연

이렇듯 친구에게 나타난 변화를 눈치채고, 그 변화의 동력이 선생님의 관심에서 비롯된 것을 감사하게 여기고 있다. 그러고는 "감동을 했죠. 감동을. 애들이, 저 스스로한테도 또 감동하죠!"라고 했는데, 바로 이런 게 아닐까! 설명이 더 필요 없을 듯하다. 하나의 인격체로 존중받는 경험이 건강하게 성장하는 데 얼마나 소중한가! 그 경험을 학교에서, 교실에서 함께 만들어 보자.

바. 해 봐라, 그냥

어떤 의견을 제시할 때 누군가의 지지와 격려는 큰 힘이 되기도 한다. 특히, 그게 선생님이라면 아이들은 받는 느낌이 더 클 것이다. 대부분의 어른들은 이래서 안 되고 저래서 안 되고, 단서를 달아 아이들의 사고와 행동을 자기 경험에 비추어 제한하는 경우가 많다. 미연이는 꿈을 이루기 위해 고등학교를 졸업하고 재수를 하게 된 이유를 교사가 해 준 이야기 때문이라고 말했다.

> 뭔가, 해 봐라 그냥, 선생님들이 그런 얘기 그냥 하시잖아요. 돌아가면 된다고. 그런 류의 이야기를 항상 들었어요. … 강물이 이렇게 똑바르게 안 흘러도 바다로 간다고. … 재수는 실패해도 뭔가 해 볼 만한 가치가 있다는 생각이 들었어요.
>
> 회현중 강미연

그러면서 재수하는 게 완전히 혼자인 시간으로 무기력할 때도 있지만 뭘 해야 될지 아니까 아무렇게나 흘려보내는 시간은 아니라고도 했다. 실패한 사람의 마음도 이해할 수 있는 기회라며, 생각하는 게 깊어졌다고 표현했다. 얼마나 대견한 마음인가! 치열한 입시 경쟁 속에서도 이런 생각을 하고 있다. 대한민국의 미래가 밝다.

위인들의 공통된 특징 중 하나가 지속적으로 믿고 지지해 주는 사람이 곁에 있다는 것이다. 헬렌 켈러에게는 앤 설리번 선생님이 있었고, 토머스 에디슨에게는 어머니인 낸시 에디슨이 있었다. 이렇게 한 사람이 성장하는 데는 늘 자신의 편이 되어 주고 지지해 주고 응원해 주는 사람이 필요하다.

학교 안에서 학생들을 지지하고 응원해 주어야 할 존재는 누구인가. 가정에서 돌봄이 어렵고 힘든 아이들이 있다. 그 아이들에게는 교사가 든든한 언덕이 되어 주어야 하지 않을까! 하고 싶은 일이 있을 때 '해봐라, 그냥!' 그렇게 믿고 지지해 주는 교사가 곁에 있는 학생들은 몸과 마음이 건강하게 자라날 것이다.

4. 우리끼리 함께해요

가. 선후배가 그저 그런 사이가 아니에요!

덕일중학교를 졸업한 준기는 "혁신학교는 볼수록 매력 있는 학교예요. 선배와 후배가 그저 그런 사이가 아니에요."라고 한다. 이러한 돈독한 선후배 관계는 어떻게 만들어진 것일까?

덕일중학교에서 자랑하는 독서교육 프로그램으로 '책으로 상상하는 세상(책상세)'과 '독서교실'이 있다. 책상세는 격주로 이루어지는 독서토론 동아리이며, 독서교실은 방학 중에 열린다. 이런 프로그램이 언제부터 운영되었는지는 확실하지 않다. 독서교실 운영에 열정을 쏟았던 두 명의 국어 교사가 다른 학교로 전근을 간 후, 사서 교사의 전출과 전입, 휴직 등으로 업무 담당 교사가 바뀌는 중에도 독서교실은 여전히 제 모습을 지키고 있다. 독서교실에 참여하는 졸업생 멘토들이 있었기에 가능했다. "선생님, 요구르트 배달도 좋으니까, 독서교실에 계속 참여하게 해 주시면 안 될까요?"라며 독서교실에 계속 참여하고 싶어 하는 졸업생의 부탁으로 인해 2008년부터 졸업생들이 멘토로 참여하기 시작했다 (박일관, 2014). 졸업생 멘토들은 한 달에 한 번 만나서 독서교실 주제를 정하고, 프로그램을 준비하며, 실제로 프로그램을 운영한다. 독서교실의 기획부터 운영, 평가까지 그야말로 아이들의 힘으로 이루어진다. 교사들은 한 발 뒤에서 예산을 집행하고 부족한 부분을 채워 주고 격려하는 일만을 하고 있다.

한때 예산이 부족하여 3일 일정으로 운영하던 것을 2일로 줄여 보자는 의견을 제시했더니, 아이들이 간식 같은 예산이 들어가는 일을 좀 줄이더라도 이왕 준비한 것이니 원래 계획대로 3일간 그대로 운영하겠다고 해서 얼마나 감동이었는지! 그래서 약속을 했다. 어떤 경우에도 독서교실은 3일 동안 운영하자고.

한편 입학생 감소로 인해 재학생 수가 많이 줄어들면서 독서교실에 참여하는 학생들의 토론 수준이 조금 떨어졌다. 그래서 참여 학생 수를 좀 줄여 보자는 교사의 제안에, 독서교실은 독서를 이미 잘하고 있는 학생들을 위한 프로그램이라기보다는 독서교실 참여를 계기로 독서에 흥미를 갖게 하는 데 의미가 있다고 말하는 멘토들에게서 감동을 받았다.

독서를 매개로 이루어지는 선후배 간의 만남이 그저 그런 만남이 아닌 볼수록 매력이라고 말하는 데는 그만한 이유가 있다. 모둠을 이끌어 가는 멘토들을 보면서 졸업하면 꼭 멘토를 해야겠다고 다짐하는 아이들이다. 아이들은 스스로 성장하는 동력을 심장 안에 품고 있다.

나. 왕따가 없었어요

집단 따돌림을 일컫는 왕따는 1990년대 말에 언론에 보도되기 시작
하더니 이제는 학교 문제를 다룰 때마다 등장하는 단골 메뉴가 되었다.
왕따 문제가 비롯된 것은 학급의 학생 수가 줄어들면서 나타난 현상이
라는 의견도 있다. 산업화 시대 콩나물교실에서는 친하던 친구가 놀아
주지 않으면 다른 친구들과 놀면 되었다는 것이다. 그러나 이 의견에 동
의할 수 없다. 그런 문제가 없었던 게 아니라 다만 많은 아이들에 묻혀
드러나지 않았을 가능성이 높기 때문이다. 그런데 이제는 그런 관계가
숨김없이 드러난다. 산업화 시대의 교육은 산업 인력 양성을 목표로 이
루지기 때문에 개성을 표출할 수 있는 분위기가 아니었지만, 이제는 나
와 다름을 인정해야 하는 시대이다. 그렇지만 아직 우리 사회가 전환기
다 보니 그러한 문제가 왕따로 나타나는 것이 아닌가 하는 생각이 든다.
거기에 출산율 저하로 인해 아이들 수가 줄어들다 보니 교실 또는 학교
라는 작은 공간 안에서는 이미 형성된 관계를 피할 도리가 없는 것이다.
왕따 문제가 사회 문제가 되었을 만큼 많은 아이들이 상처 받고 고통스
러워한다.

초등학교 5학년 때 심지어 제 왕따 문제 때문에 경찰이 학교로 오
기도 했어요. … 덕일중에 온 이유는 누나가 좋다고도 했지만 초등학
교 때 친구를 피하고 싶어서였거든요. … 새 삶을 시작해 보자 하는
그런 마음으로 왔어요. 저는 많이 변한 것 같아요.　　　　덕일중 송준기

준기는 초등학교 때 담임교사가 경찰을 부를 만큼 큰 사건이 있었고 친구들과의 관계 형성에 어려움을 겪었던 아이였다. '중학교에 가서 잘 할 수 있을까?' 하는 두려움이 있었기 때문에 누나의 조언대로 초등학교 친구들이 적은 학교로 진학했다. 폭넓은 독서와 다양한 학교 활동에 참여하면서 3학년에 가서는 실장을 할 정도로 타인을 이해하고 갈등을 풀어 가는 방법을 배웠다. 학생들은 혁신학교에서 배운 가장 중요한 것이 대인관계 맺기라고 말하고 있다.

> 초등학교 때는 왕따가 거의 없었던 것으로 알아요. 각 학교를 돌았던 애가 있었어요. 남원에 있는 초등학교를. 그런 애가 남원초에 정착을 해서 졸업했거든요. (학교를) 떠돌 만큼 (왕따를 당했던) 애들(조차)도 심하게 괴롭힐 수가 없는 환경이에요.
>
> 남원초 오예진

아이들의 인터뷰 속에는 우리가 미처 알지 못하는 눈물 나는 이야기가 숨어 있을 것이다. 왕따를 당했던 아이들이 무사히(!) 학교를 마칠 수 있었던 것은 이전보다는 따뜻한 관계 속에서 가능한 일임을 짐작할 수 있다. 이와 같이 우리 아이들은 왕따 없는 학교를 바란다. 우리 교사들이 이런 문제가 없는 학교를 만들어 가야 하지 않을까! 왕따 문제만큼은 교사들이 적극적으로 대응해야 한다. 문제 상황을 알게 되었을 때는 반드시 해결되도록 해야 한다. 그렇지 않으면 아이들은 교사에게 어떤 일도 이야기하지 않을 것이다. 아이들이 교사를 더 이상 신뢰하지 않게 되기 때문이다. 또 아이들끼리 서로 존중하고 배려하는 따뜻한 관계를 형성할 수 있도록 여러 가지 활동을 통해 배울 수 있는 기회를 제공해 주어야 한다.

제일 얻은 게 사람 대하는 것인 것 같아요. 인성면(에서). 남원초 애들이 착해 이런 건 아니지만 뭐가 나쁜 건지는 확실히 아는 거예요. 자기가 행동했을 때 '이런 건 진짜 아니야, 이런 건 힘들 것 같아'라고 생각하는 게 없는 고등학생들도 있어요. 정말 힘들게 하는 경우가 있어요. 그런데 남원초 애들은 항상 … (중략) … 무슨 일이 있어도 나는 저 애를 믿겠다. 저 애도 나를 도와줄 수 있고. 내가 급한 일이 있더라도 저 애가 힘들 일이 있다면 도와줄 수 있을 만한 친구들을 만들어 가는 거예요.
남원초 오예진

학생회장 선거에 출마했을 때 선거운동을 도와주던 친구들이 어렵고 힘들다며 중도에 포기하는 경우가 많았지만, 자기를 지지하는 남원초 친구들은 끝까지 도와주었다고 했다. 남원초등학교를 졸업한 예진이가 친구들에게 갖는 이러한 믿음은 토론수업이나 협력수업, 동아리 활동 등 다양한 교육 활동에서 얻어진 것이다.

여러 학교들이 학년 초에 1학년 신입생들을 위해 첫 주에 인성교육 프로그램을 운영하고 있다. 위클래스에서 주관하는 '타인과의 만남(경청 훈련)', 위센터의 지원을 받은 학급별 프로그램, 외부 전문가와 함께 진행하는 '나를 찾아서'라는 프로그램을 운영하고 있다. '나를 찾아서'는 여러 가지 사진 자료 중에서 나의 과거와 현재, 미래를 상징하는 사진을 한 장씩 찾아서 그에 대해 친구들 앞에서 말하는 것인데 1년을 함께할 학급 친구들이 서로 이해하고 공감하는 데 도움을 준다.

청소년기에 친구 사이의 또래 관계는 학교생활에 중요한 영향을 미친다. 우리 교육은 이제 지식 전달 위주의 교육을 지양하고 관계성 회복에 관심을 가져야 한다.

다. 그것만 지키면 자유로워요

인터뷰에서 만난 아이들은 대체적으로 자기가 다닌 학교와 가르친 선생님들을 너무 좋아한다고 했다. 도대체 그 이유가 무엇일까?

> 너무 좋아해 가지고 학교를. 선생님들이 너무 좋았어요. 토론수업을 하고. 다른 학교는 맞는 게 있고 틀린 게 있는데 우리 학교에서는 '네 말도 맞는데 이런 것들이 추가되었으면 좋겠어'라고 말을 하시잖아요. 확실히 배우는 것도 다르고 강압적이지 않은 거죠. 관계가 좋을 수밖에 없어요. 갈등이 있어도 무조건 혼내는 것이 아니라. 이렇게 된 이유가 뭐야 이렇게 물어보시고, 너희들도 그 이유를 알겠지. 그럼, 너희 둘이 이야기해 봐. 너 왜 싸웠어. 너 얘 왜 때렸어. 이렇게 하는 게 아니라. 아이들이 (스스로) 잘못했구나 하는 이유를 아는 거죠.

> 남원초 오예진

서로 다른 의견을 수용하는 걸 배움으로써 아이들 간의 관계가 좋을 수밖에 없다. 또 잘잘못을 따질 때에도 상황에 대해 자세히 물어보고 이야기하는 과정에서 스스로 깨우치게 했다고 기억한다.

진안장승초등학교에서는 둘레길 걷기나 등산을 교육과정에 도입했다. 이를 통해 아이들에게 가르치고자 한 것은 무엇이었을까? 현중이는 지리산 등반할 때 산꼭대기에서는 쌀을 살 수 없기 때문에 스스로 가지고 오겠다고 했고, 쌀이 들어 있는 무거운 배낭을 메고 끝까지 산에 올랐다. 이것은 책임감이 없으면 불가능한 일이다. 자기보다 체력이 약해 보이는 5학년 동생을 위해 배낭을 대신 들어 주는 배려하는 모습도 보인다. 선생님께서 그만두게 하여 잠시 동안 도와주었지만 뿌듯함을 느꼈다고 했다. 산행을 통해 계획하고 준비하여 실행에 옮기면서 책임감을 배우도록 한 것이다.

> 자유롭고, 자기가 하고 싶은 대로 할 수 있고, 근데… 자기가 한계가 있죠. 쉬는 시간에는 공부는 규칙 같은 것은 지켜야 했고, 그리고 예의도 지키고, 그런 거는 꼭 중요한 거는, 지켜야 돼요. 그것만 지키면 자유로워요.
>
> 장승초 이현중

다양한 교육 활동을 통해 현중이는 아직 어린 초등학생이지만 자유를 누리기 위해서는 규칙을 지켜야 한다는 것을 깨달았다. 자유에는 책임이 따른다는 것을 깨달은 것은 작지만 민주주의를 배우는 첫걸음이라고 생각한다.

5. 좋은 만남, 서로 성장해요

인터뷰에 응해 준 두 명의 학생과 교사는 도중에 눈물을 펑펑 쏟았다. 서로가 갖고 있는 기억의 조각을 맞추며 그때의 마음을 확인한 순간, 왈칵 어떤 감정이 떠올랐는지 함께 울었다. 그들은 그 감정을 고스란히 서로 공감했던 것이다.

그들은 왜 함께 눈물을 흘렸을까? 교사와 학생 사이에 무슨 일이 있었기에 저리도 끈끈한 유대감이 형성되었을까?

교사의 자존감은 아이들로부터 비롯된다. 아무리 지식이 뛰어나도 그것이 아이들과 함께 하는 것이 아니라면 의미가 없기 때문이다. 교사는 아이들과 함께 있을 때 더욱 빛이 나는 존재이다.

많은 학교에서 이미 문화의 혁신은 일어나고 있어요. 하지만 혁신학교는 수업의 혁신이 우선인 것 같아요. (덕일중에 근무하다가 떠나서) 2년 동안 대규모 학교에 있으면서 메신저로 업무를 처리할 때 교사들 간의 벽을 느꼈어요. 대규모 학교로 가기 전 덕일중에서는, '왜 이렇게 답답하게 처리할까 메신저 하나면 될 것을' 이런 생각을 하다가 막상 큰 학교에서는 또 다른 답답함을 느끼고 다시 덕일중으로 가고 싶다는 생각이 들었어요. 덕일중의 아이들은 순수하고 그래서 교사로서의 자존감을 갖게 해 줘요.　　　　　　　　　　　　　　　　**덕일중 교사** ○○○

교사들은 학생들을 위해 온 힘을 다 쏟아붓고 지치기도 한다. 그렇지만 이상하게도 학생들로부터 또 새로운 힘을 얻는다.

우리 학교는 이제 '혁신더하기학교'를 추진하기로 했어요. 그동안 우리가 한 게 의심이 많이 들었어요. 위기에 처한 학교를 구하기 위해 혁신학교를 시작했으나 그 위기가 극복되는지도 의심스러웠고 학생 수도 늘지 않았어요. 많은 예산을 투자했으나 학력이나 학생 수 같은 양적 잣대를 들이댐에 점점 지쳐 가기도 했고요. 혁신더하기학교 운영에 대한 찬반 회의를 할 때 '힘들지만 교육자적인 양심으로 혁신더하기학교에 찬성한다'는 선생님이 계셨어요. 나도 이런 상태의 혁신학교를 주도하고 가야 하는 것에 마음이 많이 무거웠는데 오늘 인터뷰가 많은 힘을 주네요.　　　　　　　　　　　　　　　　**덕일중 교사** ○○○

학생들은 때로 교사의 교육철학을 변화시키기도 하며, 학생들과 동료 교사로부터 업무를 추진하는 힘을 얻기도 한다.

그간 나의 교사관은 노동직이었어요. 그러다가 교사라면 저래야 하지 않을까 하는 생각이 들었고 그때부터 관점이 전문직으로 바뀌었고요. 이제 퇴직할 때까지 교직생활을 지속할 힘을 아이들로부터 얻었어요. 중간에 혁신 업무를 넘겨받을 때 너무 힘들었고 혁신에 반대하는 도전적인 말을 들으면 더욱 그랬어요. 초기 선생님들은 선구자 같은 분들로 변화를 이끌어 낸 사람이라면, 지금 계시는 선생님들은 이 변화를 지속되게 하는 사람들이에요. **덕일중 교사** ○○○

학교 안에서 받은 상처의 치유가 학생에게만 일어난 것은 아니었다. 교사 역시 나름대로 교직 사회에서 상처가 있었고 그것이 혁신학교에서 생활하면서 자연스럽게 치유되고 있었던 것이다.

너로 인해 내가 변화되었어. 나는 너의 말로 인해서 무엇을 하든지 아이들의 눈으로 바라보아야겠다는 생각을 하게 되었어. 그래, 너와 나는 이제 사람 대 사람의 관계야. … **덕일중 교사** ○○○

교사에게 나타난 변화의 시작은 준기의 말 한마디에서 비롯되었다고 고백했다. 그런데 그 사실을 기억하지 못하던 준기는 자기의 말이 교사의 행동에 변화를 가져왔다는 점에 놀라면서 말의 중요성을 느꼈다고도 했다. 그들은 각자가 간직하고 있던 자기만의 기억 조각들을 꺼내어 서로 맞추면서 기억의 퍼즐을 완성해 갔다. 교사는 이제 학생을 어린 제자로서가 아니라 서로 성장을 끌어 주고 밀어주는 사람 대 사람으로서 대하고 있었다. 그렇게 함께했던 시간과 공간을 되돌려 공감하면서 서로의 상처를 치유하고 성장하고 있다. 함께 흘린 눈물은 치유의 눈물이었다.

아이들과의 만남에서 성장은 아이들만의 전유물이 아닌 게 확실하다.

아이들과의 만남에서 교사도 함께 성장한다. 혁신학교에 근무하는 어느 교사는 '혁신학교는 내 인생의 터닝 포인트가 되었다'고 했다. 혁신학교 6년 운영을 되돌아보며 쓴 교사의 성찰 글이다.

> 3년을 기준으로 나누어 본다면, 저는 혁신학교 2기의 시작, 즉 4년 차에 우리 학교에 부임했다. 부임하기 전에 1기 선생님들이 혁신학교를 일구기 위해 얼마나 자기희생적인 노력을 하셨는지에 대해 들었고, 지금까지 근무하면서 그 결실이 얼마나 옹골진 것인지 실감하고 있다.
>
> 우리 학교에 와서 가장 놀라웠던 점은 학생 한 명 한 명이 모두 주인공이라는 것이다. 학교의 중요한 의사결정이나 행사 등을 계획할 때 학생의 의견이 학생자치회를 통해서 거의 모두 반영되고 있었다. 또한 너무나도 다양한 프로그램이 진행되고 있어서 누구든지 어느 분야에든지 적극적이고 자발적으로 참여할 수 있고, 또 참여하고 있다는 사실은 정말 놀라웠다. 지금까지 근무했던 학교에서는 대부분 학교 행사나 교육 프로그램에는 일부 학생들만이 고정적으로 참여하고 나머지 학생들은 구경꾼 내지는 방관자였던 모습만 보았는데 이렇게 모든 학생이 스스로 자신의 생각을 발표하고 재능을 자랑하는 모습을 보니, 이런 모습이 혁신학교의 결실이구나 하는 생각이 들었다.
>
> 덕일중 교사 서○○

학교는 우리 아이들이 삶을 살아가는 작은 사회이다. 그 안에서 학생과 학생, 교사와 학생, 교사와 교사들이 만나면서 관계를 형성하고 꿈을 꾸며 미래를 준비한다. 수업에서, 교육과정 안에서, 일상생활에서 서로를 배려하고 존중하는 민주주의를 실천해야 한다. 그럴 수 있도록 수업을 재구성하고 다양한 교육 프로그램을 제공해야 한다. 먼저 교사의 삶을 바꿔야 한다. 그리고 아프고 힘든 길이라도 따뜻한 만남을 위해서 앞으로 한 발 한 발 내디뎌야 한다. 혼자가 아니라 여럿이 함께 손을 잡고 앞으로 나아가야 한다. 우리가 가야 할 길이기 때문이다.

지금 우리 교육에서 솎아 내야 할 어린 왕자의 바오밥나무와 같은 것에는 무엇이 있을까? 우리 교육에서 마음껏 자라게 둬야 되는 장미나무는 무엇일까? 『멈추면, 비로소 보이는 것들』(혜민, 2012)에서와 같이 우리는 이제 멈춰서 돌아봐야 할 때이다. 어떤 만남이 우리 모두를 행복하게 하고, 어떻게 따뜻한 교육공동체를 만들어 서로를 살릴 수 있을지를 생각해 보아야 한다.

여기서 우리가 잊지 말아야 할 것 하나가 있다면 교사와 학생의 만남의 장이 이루어지는 장소가 학교이며 교실이기 때문에 그것이 수업과 절대 유리될 수 없다는 것이다. 따라서 교사들은 교육과정 재구성을 통해 만남의 관계를 회복하고 행복하고 즐거운 학교생활을 바탕으로 미래의 민주사회 구성원들이 무럭무럭 자랄 수 있는 환경을 제공하도록 노력해야 한다. 따뜻한 만남을 통해 학교라는 공동체 안에서 함께 부대끼며 삶을 살아가는 구성원들이 서로 배우며 성장해 나간다. 혁신학교는 따뜻한 만남이 있는 학교이다.

4장

공동체가 살아나다

1. 교육 차원에서 공동체를 회복한다는 것

가. "공동체를 회복해야 한다?"

사람들은 자신의 경험을 바탕으로 혁신에 대한 다양한 정의를 내린다. 이런 다양한 정의 중에 "혁신은 과거 유산을 기반으로 새로움을 내는 것이다."라는 정의는 어떤가. 창의와 혁신이라는 말 속에 담긴 새로움이라는 관점으로 접근하면 혁신은 창의라는 개념과 비슷하다고 볼 수 있다. 혁신과 창의를 같은 맥락으로 볼 수 있다는 말이다. 그렇지만 현실적으로 혁신에 대한 거리감이 있는 것은 사실이다. 이 책을 읽으며 혁신이라는 말에 대한 부담을 덜었으면 하는 바람이다.

이 세상의 그 어떤 개념도 뿌리 없이 무에서 유로 만들어진 것은 없다. 기존에 흩어져 있는 것들을 모아서 재조직하여 새로운 개념이 설정되는 것이다. 창의는 새롭게 개념을 규정하는 것을 말한다. 그 어떤 것도 스스로 오롯한 것은 없으며, 무언가에서 비롯된 것에서 출발한다. 모든 사물이나 개념들도 비롯되는 것에서 출발하여, 오롯한 정체성을 갖게 된다. 이렇게 현재와 과거는 서로 연결되어 미래로 향한다. '혁신한다',

'새롭게 무엇을 만들어 낸다'는 것이나, '공동체를 살려야 한다'고 할 때도 과거의 것에서 찾고, 현재를 살피고, 미래의 대안으로 제시되어야 할 것이다.

'온고이지신溫故而知新'은 논어의 위정편에 나오는 말로 '옛것을 익히고 그것을 통하여 새것을 앎'이라는 뜻을 가지고 있다. 여기서 익힌다는 말은 '찾는다'는 말을 품고 있으며, '찾는다'는 것은 '탐구한다'를 뜻한다. '공동체'라는 말의 과거와 현재는 어땠으며, 미래는 어떤 모습으로 우리 곁에서 함께해야 할까?

우리 사회*는 산업화 과정에서 여러 가지 사회적 문제점을 낳았다. 이런 문제는 환경, 노동, 가족 해체, 인간성 상실, 도시 집중화, 물질 만능의 정신 등 다양한 영역에서 총체적으로 엮여 있다. 최근 이런 문제의 해결 방안을 찾고자 우리 사회는 '공동체'라는 말에 관심을 갖는다. 협동조합, 사회적 기업, 연대, 유대, 배려, 나눔, 이웃 등의 어휘들이 주목을 받는다. 과거 삶의 유산 속에 있는 공동체 관련 제도나 정신문화들이 현재 우리 사회의 문제 해결과 미래를 위해서 관심을 받고 있다.

회복이란 과거의 것을 현재로 불러들이는 것이다. 과거에 온전한 상태로 존재했던 것들이 균형을 잃고 어느 한쪽으로 기울어질 때, 과거처럼 온전한 상태로 되돌리고자 하는 것을 회복이라고 한다. 그렇다면 공동체를 회복해야 한다고 하는데, 과거의 우리 사회는 온전했을까? 과거에

---

*여기서 '우리 사회'는 국가 차원의 넓은 의미의 사회로 사용했다. 개인에 따라서 사회라는 말을 다른 개념으로 쓴다. 필자의 경우 사회라는 말을 쓸 때는 지역사회로 한정하여 쓰기도 한다. 전주사회, 정읍사회 등 지역을 한정하여 쓸 때는 그 말에 공동체의 개념이 내포되어 있다. 사회와 공동체의 개념이 혼돈되어 쓰이기에 둘의 구분을 명확히 할 필요가 있다. 커뮤니티(공동체)들의 집합이 우리 사회(한국 사회)를 만든다고 할 때, 사회의 문제를 커뮤니티(공동체)의 문제로 한정하여 볼 필요가 있다. 찾고자 하는 것이 명확하면 문제 해결 방법도 명확히 나오기 때문이다.

는 공동체가 온전한 상태로 유지 존속되고 있었을까? 과거로부터 회복할 공동체는 어떤 모습이 되어야 할까?

과거와 현재의 시대적 문제 상황이 다르니, 과거의 사회적 공동체를 우리가 성취해야 할 가장 좋은 사회의 모습과 비교하는 것은 무리가 있을 것이다. 그럼에도 불구하고 우리는 과거의 그것을 탐구해야 한다. 지금의 사회적 문제들을 해결하기 위한 대안으로 과거의 공동체 문화를 회복해야 한다면, 과거의 공동체가 무엇이었는지 살피는 것이 선행되어야 한다. 과거의 공동체는 어떤 제도적 삶의 형태로 존재했을까?

나. 두레와 품앗이 속의 삶

공동체 관련 용어 중에서 가장 많이 언급되는 용어는 '두레'와 '품앗이'일 것이다. 두레는 '중남부 지방 논농사 지대에서 한 마을의 성인 남자들이 협력하며 농사를 짓거나, 부녀자들이 서로 협력하여 길쌈을 하는 공동노동조직'을, 품앗이는 '품이라고 하는 노동력을 서로 주고받은 노동의 교환'을 말한다.

'늦은 밤에 마을의 부녀자들이 일정한 장소에 모여 공동으로 길쌈'하는 두레길쌈, '여러 사람들이 두레를 짜서 힘을 합쳐 하는' 두레농사, 가을걷이가 끝나고 나온 볏짚으로 새로운 지붕을 덮는 이엉 잇기 등은 인간 생존의 기본이 되는 의·식·주 문제를 해결하기 위한 생활이자 문화였다. 특별한 날에 하는 행사가 아닌 일상적인 삶이었다. 이렇게 마을 사람들은 의衣의 문제를 해결하기 위한 길쌈, 식食의 문제를 해결하기 위한 농사, 주住의 문제를 해결하기 위한 이엉 잇기 등을 같이 하며 삶을 이어 갔다. 이와 같이 두레와 품앗이는 삶에서 부딪히는 혼자 해결할 수 없는 공동의 문제를 해결하기 위해 필요했다.

품(노동력)이란 인간이면 누구나 적정한 나이가 되면 가질 수 있는 유일한 것이다. 인간의 품은 길들여진 가축(소)의 노동력이 함께 지금처럼 기계화되지 않은 시대까지는 농업 생산의 기본이었다. 품은 사람들의 이동이 지금과 같이 신속히 이루어지지 않은 사회 구조 속에서 생존을 위한 가장 중요한 자본이었다. 인간이 가진 자본인 품은 토지의 소유라는 개념이 나오면서 부의 축적에 비이성적으로 이용되기 전까지, 한 개인이 가진 최고의, 그리고 비교적 평등하기까지 한 선물이지 않았을까? 이러한 품은 사회의 범위가 넓어지며 서로 교환하거나 파는 문화로 이어졌다. 마을 단위에서 다른 사람과 자신이 품을 주고받는 생활공동체 문화가 '두레'와 '품앗이'였을 것이다.

다. 마을 안에서의 생존: 마을공동체

앞에서 살펴보듯 농업 생산을 기반으로 생존을 이어 오던 과거 우리 사회에서 타인과의 관계는 생존을 위해서 반드시 필요했다. 의·식·주 문제 해결을 위해서 만들어진 두레나 품앗이는 농작으로 나온 곡물로 생을 이어 가던 그 시절 반드시 가입하거나 참여해야 하는 제도였다. 일정 공간인 마을에 거주하며 자신의 품을 서로 주고받으며 살지 않으면, 그 마을에서 같이 살기 어려웠기 때문이다.

마을이라는 공간에서 공존하기 위해서 품을 서로 주고받을 수밖에 없는 이유는, 인간의 손에 의해서 농업 생산이 이루어져야 했던 사회구조에서 가족 이외에 혼자서는 논과 밭을 관리할 수도 애경사를 혼자 해결할 수도 집을 지을 수도 없었기 때문이다. 다른 사람의 품을 사는 경우도 있었지만 그것은 충분한 농지 등을 소유해야만 가능했다. 토지가 많을 경우는 품을 확보할 방안을 찾아야 했다.

경주 최부자가 자신의 집 사방 100리(40km)에 굶어 죽는 사람이 없게 하라고 했다고 한다. 그것은 어쩌면 자신이 소유한 많은 농지를 유지, 관리하며 생존하기 위해서 주변에 있는 품을 가진 사람을 어떻게 관리해야 하는지를 알고 있는 자가 할 수 있는 가장 지혜로운 선택이었다.

사람들은 마을이라는 공간에서 생존하기 위해서 생활공간을 공유하고 상호작용을 해야 했으며, 연대를 통해 외부의 적으로부터 서로를 보호하고, 정서적 안정감을 나누며 공존했다. 처음에는 씨족과 혈족으로 이루어진 집단이었기에 그러한 일이 자연스러웠을 수 있었으나, 씨족공동체, 혈족공동체로 이어져 오던 마을이 씨족이나 혈족이 아닌 사람들과 섞이고, 마을의 영역이 점차 넓어지며 서로 다른 씨족과 혈족이 생존을 위해서 공동의 이익(목적)으로 뭉친 결속사회(결사체)를 만들게 되었다.

이렇게 삶의 가장 기초적인 공간 단위로 마을이 만들어지며, 이렇게 만들어진 마을은 집을 중심으로 형성된 가족공동체에서 씨족공동체와 혈족공동체로 그리고 공동의 목적과 필요에 의해서 사람들이 혼합하여 뭉쳐진 '지역사회(마을공동체)'의 형태로 지금까지 이어지고 있다.

라. 재생산의 공간: 학교

학생은 무언가를 배운다. 그 배움은 무언가를 '준비'하는 것이다. 상급 학교 진학을 위한 시험 준비가 되기도 하며, 자신이 미래에 만나게 될 사회에서 생존하기 위한 준비가 되기도 한다. 어떤 준비가 더 중요하냐에 따라서 학교교육의 방향이 바뀐다.

어떤 이들은 먼저 살았던 사람들이 생산한 정보를 암기하는 것이 미래를 준비하는 것이라 주장한다. 그러한 주장은 산업화를 먼저 이룬 선진국을 뒤따라가는 우리나라의 지금까지의 상황과 부합하여 당연한 것으로 받아들여졌다.

지금 우리 사회의 주축을 이루는 기성세대가 학교 다닐 때 교사들에게 배워 온 가치는 전통적인 사회 유지와 산업화 사회에서 생존하기 위한 것이었다. 사회 유지를 위한 배움은 충과 효, 성실과 근면, 성공이라는 키워드로 대변된다. 이런 가치는 타인과 위와 아래, 많음과 적음, 먼저와 나중의 관계로 규정되었다. 직장 상사와 부하, 선배와 후배라는 말처럼 나이의 많고 적음은 너와 나의 관계를 규정하는 데 큰 영향을 주었다.

농업 기반 사회를 거쳐서 산업화 사회를 지나 지식정보화 사회로 변하기 전까지 이런 상·하 관계는 생존을 위해서 필요했다. 마을, 지역사회, 직장 등은 그런 관계를 사회의 규범으로 관습처럼 받아들였다. 어쩌면 학교도 그런 사회를 암묵적으로 지탱하는 전통적 가치의 유지와 재생산에 기여하는 공간이었을지 모른다.

마. 이익사회로서의 학교, 공동사회로서의 학교

사회는 어떤 곳일까? 학교는 어떤 사회일까?

독일의 사회학자인 페르디난트 퇴니스Ferdinand Tönnies는 사람들이 뭉쳐 사는 형태를 둘로 분류한다.

> 게마인샤프트Gemeinschaft, 가족·친족·민족·마을처럼 혈연이나 지연 등 애정을 기초로 하여 이루어진 공동사회共同社會와 회사·도시·국가·조합·정당 등과 같이 계약이나 조약, 협정에 의해 인위적이고 타산적 이해에 얽혀 이루어진 집단인 이익사회利益社會, 즉 게젤샤프트 Gesellschaft가 그것이다.
>
> _출처: https://ko.wikipedia.org/wiki

학교는 혈연관계에서 안정을 누리던 학생들이 처음으로 타인과의 관계 속으로 들어온 사회라 할 수 있다. 학생들은 가정이라는 공간에서 상호 이해, 공통 신념을 공유하며 자라다가 학교에 입학한다. 그러면서 낯선 타인을 만나 관계를 맺기 위해서 규칙 준수, 효율, 목표 등의 가치 속에서 타인과 관계를 맺으며 사회라는 개념을 형성하게 된다. 그러한 경험은 학생들이 만날 미래의 사회 구성원으로서 그들의 역할을 규정하기도 한다.

그렇다면 학교에는 규칙과 목표가 있고, 효율성을 추구하고 있으니 이익사회라고 봐야 할까, 아니면 상호 이해와 공통의 신념이 있으니 공동사회(커뮤니티)로 봐야 할까? 우리는 지금까지 학교를 어떻게 보아 왔는가?

바. 국가는 그동안 어떤 고민을 해 왔는가?

교육은 홍익인간의 이념 아래 모든 국민으로 하여금 인격을 완성하고 자주적 생활 능력과 공민으로서의 자질을 구유하게 하여 민주국가 발전에 봉사하며 인류 공영의 이상 실현에 기여함을 목적으로 한다.

_교육법 제2조

이와 같이 국가는 널리 사람을 이롭게 하는 사람(홍익인간)으로 인격이 있는 사람, 스스로 생활할 수 있는 힘이 있는 사람, 국가 사회의 일원으로서 그 나라 헌법에 의한 모든 권리와 의무를 가지고 독립생활을 하는 사람으로 교육 목적을 설정했다.

국가는 이런 이념 아래 미래의 사회 구성원으로서 살아가는 데 필요한 교육을 위한 기관으로 학교를 조직했다. 그리고 학교를 교육과정을 운영하는 기관으로 규정한다.

제23조(교육과정 등) ① 학교는 교육과정을 운영하여야 한다.

② 교육부장관은 제1항에 따른 교육과정의 기준과 내용에 관한 기본적인 사항을 정하며, 교육감은 교육부장관이 정한 교육과정의 범위에서 지역의 실정에 맞는 기준과 내용을 정할 수 있다.

법에 의해서 규정된 교육의 목적을 달성하고자 세부 실천 계획으로 고시된 것이 교육과정이다. 이 교육과정을 고시하기 위해서 국가는 사회를 지속적으로 살핀다. 그리고 사회의 필요와 유지, 발전을 위해서 교육법에서 규정한 인간상을 구체적으로 설정한다. 국가는 스스로를 교육과정의 주체로 인식하고 "우리는 그동안 수차에 걸쳐 교육과정을 개정·시행한 경험"으로 "행복한 삶을 누릴 수 있는 터전을 마련하기 위해서, 학교교육의 바탕이 되는 교육과정"(문교부, 1987)을 수정·보완해 왔다.

이렇게 국가에서 고시한 교육과정에는 국가에 의해서 파악된 그 시대의 사회적 요구가 들어 있는데, 공동체와 관련된 교육과정 내용을 살펴보면 국가가 공동체 관련 교육에 대해서 어떤 고민을 해 왔는지 알 수 있다.

공동체 관련 용어는 1981년에 고시된 교육과정에 처음으로 나온다. "자신과 공동체의 일을 스스로 결정하며 실천하는 자주적인 사람으로 자라게 도와주어, 전인적 발달이 이루어지도록 해야 한다."라고 고시되었으며, 1987년 제5차로 고시된 교육과정에는 "자신과 공동체의 일을 스스로 결정하여 실천하는 자주적인 사람"으로 수정된다. 교육과정 속에서 우리는 국가가 어떤 인간상을 추구하는지 알 수 있다. 국가가 세계의 변화, 사회의 변화 요구를 수용하여 어떻게 반영하였는지 알 수 있다. 다음에 제시한 표에서 5차로 고시된 교육과정부터 2015 개정까지 국가에서 고시한 교육 목적을 비교해 볼 수 있다.

7차 고시부터는 '추구하는 인간상'이라는 용어를 사용하여 구체적이며 명확하게 그 사회와 시대가 필요한 인간의 모습을 그려 놓았다. 그리고 국가는 교육과정의 수정과 보완을 통하여 공동체 의식 형성을 교육의 주요 내용으로 설정하고, 학교로 하여금 학생들이 사회에 필요한 인간으로 교육하도록 요구하고 있다.

특히 2015년에 개정된 교육과정에는 공동체에 대한 중요성이 더욱

5차	6차
건전한 정신과 튼튼한 몸을 지닌 건강한 사람, 자신과 공동체의 일을 스스로 결정하여 실천하는 자주적인 사람, 지식과 기술을 익혀 문제를 슬기롭고 합리적으로 해결하는 창조적인 사람, 인간을 존중하고 자연을 아끼며 올바르게 판단하고 행동하는 도덕적인 사람을 기르는 데 역점을 두어 구성한다.	건강한 사람, 자주적인 사람, 창의적인 사람, 도덕적인 사람으로 한다. 이를 구현하기 위한 교육과정의 구성 방침은 다음과 같다. 가. 도덕성과 공동체 의식이 투철한 민주시민을 육성한다. 나. 사회의 변화에 대응할 수 있는 창의적인 능력을 개발한다. 다. 학생의 개성, 능력, 요구를 고려하여 교육 내용과 방법을 다양화한다. 라. 교육과정 편성·운영 체제를 개선하여 교육의 질 관리를 강화한다.

7차	2009 개정
추구하는 인간상	추구하는 인간상
가. 전인적 성장의 기반 위에 개성을 추구하는 사람 나. 기초 능력을 토대로 창의적인 능력을 발휘하는 사람 다. 폭넓은 교양을 바탕으로 진로를 개척하는 사람 라. 우리 문화에 대한 이해의 토대 위에 새로운 가치를 창조하는 사람 마. 민주시민 의식을 기초로 공동체의 발전에 공헌하는 사람	가. 전인적 성장의 기반 위에 개성의 발달과 진로를 개척하는 사람 나. 기초 능력의 바탕 위에 새로운 발상과 도전으로 창의성을 발휘하는 사람 다. 문화적 소양과 다원적 가치에 대한 이해를 바탕으로 품격 있는 삶을 영위하는 사람 라. 세계와 소통하는 시민으로서 배려와 나눔의 정신으로 공동체 발전에 참여하는 사람

2015 개정
추구하는 인간상
가. 전인적 성장을 바탕으로 자아 정체성을 확립하고 자신의 진로와 삶을 개척하는 자주적인 사람 나. 기초 능력의 바탕 위에 다양한 발상과 도전으로 새로운 것을 창출하는 창의적인 사람 다. 문화적 소양과 다원적 가치에 대한 이해를 바탕으로 인류 문화를 향유하고 발전시키는 교양 있는 사람 라. 공동체 의식을 가지고 세계와 소통하는 민주시민으로서 배려와 나눔을 실천하는 더불어 사는 사람

강조되었는데 공동체에 대하여 2015년 개정 교육과정에서는 다음과 같이 풀이하고 있다.

교육받은 사람은 더불어 사는 사람이어야 하며, 더불어 사는 사람은 공동체 의식과 민주시민 의식을 갖춘 사람이며, 좀 더 나은 사회를 만들기 위한 다양한 활동에 적극적으로 참여하고 배려와 나눔을 실천할 수 있어야 한다. 이를 위해 학교는 지역·국가·세계 공동체의 구성원에게 요구되는 가치와 태도를 가지고 공동체의 문제 해결 및 발전을 위해 자신의 역할과 책임을 다할 수 있도록 지도하여 학생들이 공동체 의식과 민주시민 의식을 가지고 세계 시민으로 살아가도록 한다. 특히 오늘날의 지구촌 사회에서는 인류의 발전을 위해 배려와 나눔을 실천하며 더불어 잘 살 수 있도록 지도해야 한다.

_2015 개정 교육과정 총론 해설

나아가 2015년 개정 때는 추구하는 인간상을 구현하기 위해서 핵심역량을 제시하였는데, 이 중에 "마. 다양한 상황에서 자신의 생각과 감정을 효과적으로 표현하고 다른 사람의 의견을 경청하며 존중하는 의사소통 역량", "바. 지역·국가·세계 공동체의 구성원에게 요구되는 가치와 태도를 가지고 공동체 발전에 적극적으로 참여하는 공동체 역량"으로 구체적으로 제시한다.

공동체 역량이란 지역·국가·지구촌의 구성원으로서 요구되는 가치와 태도를 수용하고 실천하는 능력, 지역적·국가적·세계적 차원의 다양한 문제 해결에 책임감을 가지고 적극적으로 참여하는 능력, 다양한 사람들과 원만한 관계를 가지고 협업하고 상호작용하는 능력, 다른 사람들을 배려하며 함께 살아갈 수 있는 능력 등을 의미한다. 여기에는 시민의식, 준법정신, 질서의식, 공정성과 정의감, 참여와 책임의식, 협동과 협업 능력, 나눔과 배려 등이 하위 요소로 포함될 수 있다.

_2015 개정 교육과정 총론 해설

사. 이 시대를 사는 선생님들의 고민

몇 년 전 EBS '지식채널e'에서 〈다시 돌아올 것이다〉가 방영된 적이 있다. 그 방송에 나온 말을 옮겨 보면 아래와 같다.

"우리는 그들에게 총과 대포보다 무서운 것을 심어 놓았다. 그리고 나는 다시 돌아올 것이다."
"그들이 자신의 역사, 전통을 알지 못하게 하라. 그들 조상의 무위, 무능, 악행을 들추고 과장해 후손들에게 가르쳐라…." (중략)
"우리 일본은 한국민에게 총과 대포보다 무서운 식민 교육을 심어 놓았다. 장담하건대 한국민이 제정신을 차리고 옛 조선의 영광을 되찾으려면 100년이라는 세월이 훨씬 더 걸릴 것이다. 그리고 나는 다시 돌아올 것이다."

_조선총독부의 마지막 총독 아베 노부유키의 발언으로 추정

옮겨 심긴 식물과 그 자리에서 뿌려진 씨가 싹터서 자란 식물은 차이가 있다. 옮겨 심은 식물은 자생한 식물보다 그 땅에 잘 어울리지 못하는 경우가 많다. 옮겨 심긴 식물은 자기주도적으로 살아나지 못하고, 손이 많이 간다. 잘 자라는가 싶다가도 갑자기 죽기도 한다. 씨로부터 살아나서 자생한 식물은 날씨 환경, 토양 환경 등 주변의 환경에 스스로 적응하며 살아간다.

일제 강점기의 식민 교육은 그 땅에 맞지 않는 식물을 옮겨 심은 것과 같은 것으로, 일제가 조선의 인민(백성)을 한 사람의 인격체로 보지 않고, 한 인간을 일본제국주의 부속품으로 취급한 노예교육이었다. 일제는 우리 사회의 전통에서 발현된 교육과 학교 체제가 아닌 그들의 식민지 정책에 의한 교육으로 우리 사회를 지배했다.

일제 강점기부터 교사를 선생님이라고 부르기 시작했다. 일제는 왜 선생님이라는 호칭을 사용했을까? 조선시대에는 먼저 깨달음을 얻은 사회 지식층을 선생님이라고 불렀다. 일제는 유교 사회에서 뛰어난 통찰력과 깨달음으로 존경을 받았던 유교 경전에 나오는 선생님이라는 호칭을 칼을 차고 교단에 섰던 교사를 부르는 말로 끌어들인다. 그 이유는 무엇일까?

칼을 차고 교단에 선 교사들을 선생님이라는 말로 부르게 한 것은 사회의 존경의 대상인 선생님을 교사와 대응시켜 우리 민족을 지배하는 것을 가르치는 것이라고 포장하기 위한 명분을 얻고자 억지를 쓴 전략적 접근이지 않았을까.

일제 강점기에 선생님이라고 불렸던 교사들은 외부에서 가져온 지식·정보가 조선 땅에서 우리의 선조들에 의해서 자생한 지식보다 더 좋거나 발전된 것이라 믿고 조선의 인민들을 가르치는 것이 그들의 업業이라고 보았다. 그래서일까 수업은 '준다'는 것에 초점이 맞춰져 있었다. 일방적으로 주는 형태의 가르치기가 주를 이루었다.

한자 사용이 주를 이루었던 시절의 대학교 교재나 일본의 홈페이지에서 검색해 보면, 이에 대한 흔적을 볼 수 있는데, 일제 강점기를 지나 어쩌면 한글 사용이 보편화되기 전까지 수업授業이란 말이 흔히 쓰였음을 알 수 있다.

그러나 우리 선조들은 학생 입장에서의 '받다, 거두어들이다, 배우다' 등의 의미를 가진 수업受業과 '닦다, 익히다, 연구하다' 등의 의미를 가진 수업修業을 먼저 생각했었다. 수업은 학생의 배움 중심으로 이루어진 공부였다. 아래 표의 『조선왕조실록』에 사용된 '수업'이라는 어휘의 용례를 살펴보면, 수업受業, 수업修業, 수업授業이라는 한자 어휘가 사용되는데, '주다, 수여하다, 전수하다' 등의 의미를 가진 수업授業이라는 어휘가 가장 적게 사용되고 있음을 알 수 있다.

어휘	국역	원문	뜻	비고
수업受業	102회	233회	받다, 거두어들이다, 배우다 등	학생 배움 중심
수업修業	29회	95회	닦다, 익히다, 연구하다 등	
수업授業	15회	9회	주다, 수여하다, 전수하다 등	교사 가르침 중심

일제 강점기 때의 교사들은 수업授業을 중심에 두었으며, 이 수업은 식민 교육으로 나타난다. 식민 교육은 다른 곳에서 가져온 것이 더 좋으며, 주체subject 중심의 교육이 아니라 객체object를 바라보며 따라가는 교육이었다. 학생으로부터 시작된 교육이 아니라 교사가 교육 대상들의 무

지를 깨우치는 교사 중심의 교육이었다.

이렇게 일제는 외부에서 들여온 지식·정보를 통해 조선 인민들에게 수동적이고 노예적인 태도를 강요하여 스스로가 삶의 주인으로 살 수 없도록 했다. 우리의 것을 살펴서 스스로 선택하여 새로운 공동체 시민 문화를 만들어 낼 수 있는 기회를 박탈하고 짓밟았던 것이다.

해방 후부터 지금까지, 우리 사회의 선생님들은 끊임없이 시대의 표상을 제시하고자 했다. 이런 축적 속에서 학교에서 제자들을 만나는 이 시대를 살아가는 교사들이 변하고 있다. 사회 지식층의 구실(역할)로 제자리를 잡고자 노력하고 있다. 이 시대를 살아가는 선생님들은 미래 세대에게 어떤 사회를 유산으로 남겨 주고자 노력할까?

> 땀 흘리고 일한 만큼 대가를 받는 사회를 물려주고 싶어요. 그리고 힘없는 사람들이 함께 어울려 잘 살아갈 수 있는 기회가 있는 사회가 되었으면 좋겠어요. 제자들 하나하나가 존엄을 가진 존재로서, 각자가 가지고 있는 가치를 존중받으며, 더불어 행복을 추구하는 사회가 되었으면 합니다.
>
> 장승초 교사 윤일호

교사들의 이러한 고민은 급변하는 사회에서 살아갈 제자들의 미래에 대한 스승으로서의 당연한 태도인지 모른다. 미디어 발달로 상호작용이 이루어지는 물리적인 공간이 전 지구적 차원으로 넓어지고, 사회적 유산인 정보를 시간에 구애받지 않고 공유할 수 있는 시대에 교사들은 여전히 국가의 지시에 의한 추상적인 문구들을 해석하고, 교육과정과 수업 속에서 구현하기 위해서 애쓴다.

시대가 변하고 있잖아요. AIArtificial Intelligence(인공지능)와 관련하여 4차 산업혁명 이야기도 나오고, 노동 시장이 변한다고 하는데, 교실에서 교과서만 가르치고 있으니 많은 생각이 드는 거예요. 그렇다고 공부 열심히 해서 공무원 시험 합격하라고 하는 것도 말이 안 되고, 대학교에 간다고 모두 정규직 직장에 취직되지도 않고, 많은 젊은이들이 비정규직으로 사회생활을 시작한다고 하니… 저출산으로 미래에는 노동력이 부족하다고 하는데, 땀 흘려 일하는 것에 대해서 하찮게 여기는 사회 문화가 너무 안타깝고… 아직도 무조건 외워서 시험 잘 보는 것이 공부라고 야간 자율학습 시키는 학교가 대부분이고….

장승초 교사 윤일호

이런 고민 속에서 교사들은 대안을 찾고자 공부한다. 책을 읽고, 토론하고, 학교와 교실에 적용하는 전문적 학습공동체를 실천한다.

학교에서 동료들과 함께 같은 책을 읽고 토론하는 시간은 우리의 시야를 넓히는 중요한 시간이 돼요. 학교를 바꿔야 한다, 수업을 바꿔야 한다는 등 일방적인 교육청 연수보다는 우리 학생들에 대해 이야기 나눌 때, 더 실감이 나요. 제자들을 내 자식이라고 생각해 보세요. 이 제자들이 사는 세상은 사람이 사는 세상이 되었으면 좋겠다는 선배 교사의 말이 맘에 와 닿았어요. 그러기 위해서 힘이 약한 사람끼리 함께 힘듦과 아픔을 나누고, 희망을 만들어 갔으면 해요. **장승초 교사 윤일호**

아. 학교는 공동체(커뮤니티)가 될 수 있을까?

"공동체는 일반적으로 공통의 생활공간에서 상호작용하며, 유대감을 공유하는 집단을 의미한다."

_한국민족문화대백과사전

그렇다면 학교는 공동체가 될 수 있을까? 학교교육이 지향하는 핵심 가치로서 공동체는 어느 관점에서 살펴봐야 할까?

일반적으로 사회과학자들은 공간, 상호작용, 연대를 공동체를 이루는 핵심 요소로 본다고 한다. 학교는 학생들이 하루의 대부분을 보내는 생활공간이며, 그 생활공간에서 교사와 또래, 상급 학년 간 상호작용을 하며, 학교의 교육과정 안에서 서로 연대하는 활동을 한다.

학생들이 같은 공간에 있다는 것은…

학교는 아이들이 혈연공동체였던 가족공동체에서 벗어나, 타인을 만나서 사회적 관계를 경험하는 첫 경험의 공간이다. 그렇기에 이 공간에서의 첫 경험이 학생들의 마음속에 공동체의 개념을 심어 주게 된다.

학생들은 이 공간에서 사는 동안 그들의 꿈을 이루기 위해서는 타인과의 관계 속에서 민주적(독립성)이고 합리적(공리성)인 방법으로 각 교육 주체들과 공동으로 실천하는 경험을 해야 한다. 이런 경험을 하는 의미의 조직이 공동체라고 할 수 있는데, 학생들이 공공의 선과 공동의 목표와 공동의 실천을 경험하게 할 때 학교는 공동체가 되는 것이다.

이런 학교를 단순한 교육 공간이 아닌 일상생활의 공간으로 유지시키고자 많은 교사들이 노력하고 있다. 그래야 일상의 민주시민교육, 일상의 공동체 체험, 일상의 수업이 가능하기 때문이다. 교육이 일상과 만나기 위한 노력은 교육의 패러다임을 바꾸는 것이며, 학생들을 수준 낮은 어린 존재가 아닌 각각의 존엄과 가치를 품고 사는 존재로 보는 것이다.

공간의 제약이 없어지는 미래 사회가 온다고 한다. 하지만 교육에서의 공간은 만남을 통한 상호작용과 연대가 있는 가장 중요한 핵심이 된다. 온라인을 통한 상호작용과 실제적 만남이 이루어지는 공간 안에서의 그것은 다르다.

상호작용하는 공간으로서의 학교는…

만 6세, '나' 혼자의 생활이 자유롭기 시작할 무렵 어린이들은 가족 사회의 품을 떠나서 학교 사회로 들어온다. '나'라는 정체성이 형성되고, 관심이 타인, 대상, 객체로 넓혀지는 시기이다. 손을 뻗어 만지고 싶고, 이야기 나누고 싶어 한다. 세상과의 교류가 막 활성화되는 시기에 학생들은 학교라는 조직(?) 속으로 들어온다.

그런데 아쉽게도 이 학교라는 조직은 학생들이 타자와의 상호작용 속에서 스스로 성장하는 경험을 하도록 기다려 주지 않는 문화, 학교 조직의 엄격한 규율, 효율을 강조한 학교 경영, 연령에 따른 위계를 강요하는 선·후배 간의 문화로 어릴 때부터 학생들이 경험해야 할 타자와의 상호작용을 충분히 제공할 준비가 되어 있지 못했다. 학생들은 자율이 아닌 타율에 의한 관계, 스스로의 선택이 아닌 복종에 의한 일방적인 관계가 만연한 학교 조직 속에서 초·중·고 12년을 생활한다. 이런 문화 속에서 학생들은 시키는 대로 해야 사회의 훌륭한 구성원이 될 수 있으며, 가르치는 대로 해야 살아남는다는 의식이 머리에 심어져서, 스스로 선택하고,

스스로 행하고, 스스로 고치고, 스스로 창출하는 경험을 하지 못했다.

이러한 학교 공간에서 학생들의 머리에 심어진 사회의 개념은 무엇일까? 머리로는 이해되는데 가슴이 따라 주지 않아서 행동으로 이어지지 못하는 어른들이 꿈꾸는 사회를 학교에서조차 학생들에게 경험시키지 못하고 있는 것은 아닐까?

학생들이 학교라는 공간에서 연대한다는 것은…

사람은 사회적 관계를 맺으며 사는 동물이라고 한다. 아니 사람이라면 사회적 동물이어야 한다. 왜냐하면 사람은 혼자 살지 못하기 때문이다. 동물들도 서로의 생존을 위해서 인위적이든 자연적이든 서로 연결하고 관계 맺으며 뭉치는데, 하물며 사람이 뭉치지 못할 이유가 없다. 그런데 사람들이 뭉칠 때는 그 이유가 분명하고 명확하고 서로를 위한 것이어야 한다. 그럴 때 서로의 존엄과 가치가 인정되며, 더불어 행복을 추구하는 존재로 살 수 있기 때문이다.

이러한 연대, 유대, 뭉침, 결속은 공공의 이익을 위해서 일어나야 한다. 왜냐하면 자기들만의 이익을 위해서 이웃에 해를 끼치는 결속은 공동체를 이루어 살아가는 우리에게 의미 없기 때문이다.

자연생태계의 존재들은 전체를 위해서 그들의 객체의 결속을 조율한다. 그것이 생존에 절대적으로 필요하다고 알기 때문이다. 이러한 자연생태계의 원리를 교육 속으로 끌어들인다면 어떨까? 그래서 자연생태계의 원리가 작용하는 공간으로 학교가 존재한다면 우리의 학교는 학생들이 이러한 연대, 자발적 결사체의 경험을 학교 공간에서 할 수 있도록 교육과정을 운영하고 있었는가?

2. 학교, 공동체를 경험하는 공간으로 돌아오다

교사들은 공동체를 어떻게 정의 내리고 있을까? 다양한 정의가 있을 것이다. 이 중에서 이런 정의는 어떠한가?

> 일정한 지역에서 사람이나 단체가 지역 구성원의 주체로 필요한 것을 얻고자 할 때, 민주적(독립성)이고 합리적(공리성)으로 각 주체들이 얻고자 하는 것을 이루기 위해서 구성한 의미의 조직.

이 정의에서 주체라는 말은 중요하다. 진안의 장승초등학교는 이 주체와 공동체성을 학교 철학에 잘 수용하여 '스스로 서서 서로를 살린다'라는 교육 목적으로 학교교육과정을 운영하고 있다.

> 스스로 선다는 것은 자립을 말하며, 이는 주인의 삶을 말하는 것입니다. 내가 나의 주인임을 안 다음에 서로 살리는 공동체가 가능합니다.
>
> 장승초 교사 윤일호

이런 교육 목적이 한 번에 나온 것은 아니었다. 혁신학교들은 교육 주체들의 교육 이상을 실현하는 과정 속에 있으며, 결과 그 자체가 아니다. 지금도 끊임없이 변하고 있고, 고민하며, 성장하고 있다.

이런 선생님들의 모습과 학교의 노력을 보며, 학생들은 미래에 대한 새로운 꿈을 꾼다.

근데 혁신학교가 점점 많아지고 있잖아요? 저는 좋으니까 많아지고 있다고 생각해요. 그렇지만 이게 나중에 언제 될지 모르겠지만. 음… 혁신학교라는 말을 이상하게 생각하는 사람도 있겠지만… 그러나 나중에 가서는 학교가 다 이런 식으로 수업을 할 수 있을 거란 생각이 들었어요. 왜냐면 이렇게 노력하는 선생님들 많이 계시고 거기서 배운 학생들이 또 클 거 아니에요? 그런 학생들이 또 사회를 만들어 갈 것이기 때문에 계속 지속되어야 하고 가능성도 있을 것 같아요.

회현중 강미연

지금 다니고 있는 학교에서 희망을 본다는 강미연 학생은 자신들이 어른이 되었을 시대를 생각하며, 새로운 사회에 대한 꿈을 꾸고 있었다. 그러면서 이런 학교가 지속되어야 한다고, 야무진 청소년의 생각으로 가능성 있는 일이라고 말하고 있다.

가. 학교에서 교육 주체로 살기

어쩌면 학생들이 학교에서 참여했던 모든 활동은 공동체를 체험하는 것이며, 이를 통해 공동체의 개념이 머리와 가슴에 새겨지는 의미 있는 학습 경험이 된다고 볼 수 있다.

학교공동체 구성원들은 학생들의 유의미한 학습 경험이 있는 공간으로 학교를 재구성하기 위해서 무엇이 필요하다고 생각할까?

> 그간의 학교공동체의 최고 의사결정은 국가에 의해서 이루어졌다고 할 수 있어요. 국가가 모든 것을 결정하고 지시했다고 할 수 있죠. 전국의 모든 학교가 거의 똑같은 교육을 해 왔잖아요. 그렇기 때문에 학교 구성원들은 지역의 실정, 주변의 상황, 그들의 이상에 따른 민주적(독립성)이고, 합리적(공리성)이지 않게, 그들이 얻고자 하는 것을 강요당했어요. 시키는 대로 할 뿐 스스로 선택하고 행하는 것이 쉽지 않았어요.
>
> 장승초 교사 윤일호

교육 주체들이 교육을 바라보는 관점을 바꾸고 있다. 교육 관련 의식이 성숙되고 있다. 그동안 국가에 의해서 주도적으로 결정된 교육의 목표가 한 공간에서 숨 쉬는 주체들을 단순한 교육 소비자로 만들어 왔다. 줄에 매달린 피노키오처럼 교육에 대한 의사결정을 조종당하고 있었던 것이다.

'우리의 문제는 우리가 설정한 질문'으로, 우리가 해결한다는 의식들이 점차 확산되고 있다. 이런 의식이 '제자들에게 유의미한 학습 경험이 되게 하자'에서 출발하여 '학교는 공동체 실현의 장이다'로의 변화를 모색하기 시작했다.

앞에서 밝혔듯이 이러한 고민 속에서 전라북도 장승초등학교는 '스스로 서서 서로를 살리는 장승 어린이'라는 교육 목표를 교육 주체들이 합의하여 내걸고 학교교육과정을 운영하고 있다.

장승초 교사들은 "스스로 선다는 것은 자립을 말하며, 이는 손님의 삶이 아닌 주인의 삶을 말하는 것이며, 소비자의 삶이 아닌 생산자의 삶을 말하는 것이다."라고 한다. "내가 나의 주인임을 안 다음에 서로 살리는 공동체가 가능하다."라고 말한다.

개인의 자립과 우리라는 공동체가 절묘하게 결합된 학교 교육철학이 담겨져 있다. 더 의미 있는 일은 이런 철학을 교육 주체들이 함께하며 협의와 합의의 과정 속에서 세웠다는 것이다.

> 우리는 학교에서 장승초를 어떤 학교로 만들고 싶은가 학부모들에게 이야기하며, 어떻게 교육적 가치를 추구해야 하는지 논의를 했어요. … 처음 장승초에 온 학부모들이 생협 활동이나 도서관 활동을 하시는 분들이잖아요. … 이런 분들이지만 서로 달랐어요. 그래서 우리 학교 철학에 대해서 공유하기 위해서 학교 철학에 대해서 달마다 한 번씩 공유를 했어요. 학부모 다모임을 하니까. 모두 모여서 달마다 한 번씩 회의하고 '우리 학교 이런 학교다'라는 정체성을 공유했죠. 특히 매년 1월이 되면 학부모와 교사들이 함께 모여서 공동 연수를 1박 2일로 가졌어요. 이때 신입생으로 입학할 사람들도 다 참여하게 하고 재학생들도 다 참여하게 해서… 우리가 생각한 것들을 공유하고, 교육과

정 활동 속에 들어 있는 교육적 가치들을 나눴어요. 이 활동에는 이런 의미가 있다. 이건 이런 뜻에서 이렇게 하는 거다 등을 했죠. 이런 것들을 계속하여 서로 다른 것들 속에서 한곳을 바라보게 했죠. 서로를 이해시켰다고 할 수 있어요. 그래서 이제 생각이 모아지고, 학교에 대한 절대 신뢰가 생겼다고 봐요.

장승초 교사 윤일호

나. "학교는 일상으로 민주주의를 경험하는 공간이어야 한다고 봐요"

민주주의를 일상으로 체험하는 가장 좋은 공간은 교실이다. 그간의 학교는 교사들이 교육이라는 이름으로 미성숙한 존재들을 성숙한 시민으로 가르치려는 계몽의 공간이었다. 이러한 '교육'이라는 가르침은 대부분 교과서 속에 복사된 선언적 명제 진술이나, 교사들의 개인적 경험 나누기로 이루어져 왔다. 어른들이 학창 시절에 배운 민주주의를 생각해 보자. 교과서에 정의된 민주주의를 읽고, 시험을 위해서 암기했으며, 교사의 민주주의에 대한 개인적인 경험을 보충 설명으로 듣지 않았던가.

그렇기 때문에 우리 사회의 민주주의는 교과서 속에 있는 것이었으며, 학생들의 민주주의는 형식적인 어린이회의나 학생회 활동 등의 시수 채우기로 이루어져 일상의 의식과 문화로 체화되지는 못했다.

민주시민교육은 한 번의 강의나 학생들의 삶과 동떨어진 어른들에 의해서 형식적으로 제기된 의제와 회의로 이루어지는 것이 아니다. 미래 세대를 위한 민주시민교육은 학생들의 삶과 직접 관련 있는 일상의 의제와 경험을 제공하는 수업이어야 한다.

그런데 안타까운 점은 교사들도 학창 시절 그런 경험을 하지 못했다는 것이다. 그렇기에 학교라는 공간에서 어른들도 공동체성으로 생활하는 데 어려움이 있었다. 이런 어려움 속에서 교사들은 스스로가 먼저 공동체성에 기반을 두어 민주시민으로서의 자질을 갖추고자 애면글면 했다.

> **질문자** 제가 요즘 어려운 건 그거거든요. 머리로는 이해가 되고, 이거를 이렇게 가르쳐야겠다는, 그럼 그게 내 몸에 체화되어 있어 가지고 나와야 되는데. 그게 안 되는 거예요. 그러니까 내 안에서 그 표리부동한 것들이 막 부딪쳐서 나를 힘들게 하거든요.
>
> **교 사** 저는 그게 고민만 되어도 괜찮겠다고 봐요. 그게 뭐지라는 질문을 갖는 것이죠. 살아 있는 민주시민을 양성하고 싶다면 본인이 더불어 사는 민주시민이라야 되고, 아이들이 잘 배우기를 원한다면, 본인이 먼저 잘 배워야 되고. 그러면 이게 알게 모르게 잘 스며드는 것 같아요. 그래서 먼저 배우고, 아무튼 먼저 본을 보이는 선생님, 이런 거면 참 좋겠다, 그런 거예요.
>
> **회현중 교사 양은희**

먼저 본을 보이는 교사들의 가르침은 학생들에게 최고의 교수법으로 작용한다. 그러나 실천 경험이 부족한 상황에서 교사들의 고민은 더 커졌다. 그렇다고 가만히 있을 수 없지 않은가! 교장의 지시나, 교육부나 교육청의 지시대로만 했던 교사들이 공동체를 몸소 겪는 과정을 거친다.

그니깐 저 처음으로 왔을 때는 정기적으로 모이는 모임이… 이런 게 없었어요. 그러다가 2010년에 제가 왔을 때 그때부터 이제 본격적인 고민이 시작되었어요. 교수·학습 공동체를 구성해서 정기적으로 모여서 공부도 하고, 회의도 하고 해야 되지 않겠느냐 했는데, 음… 뭐랄까 좀 이제 여러모로 걱정하면서 반대하는 선생님도 있었고, 하겠다는 선생님도 있었고. 어느 학교나 그렇듯이… 그러다가 시작은 되었어요.

회현중 교사 양은희

학창 시절 그들이 가진 공동체의 경험이 교과서나 일상 속에서 나온 것이 아니었던 교사들은 커다란 벽과 만나게 된 것이다. 오랫동안 학생들 앞에 떳떳이 서고자 교실에서 개인적으로 치열하게 실천해 왔던 교육활동가로서 교사들이 함께 무언가를 하고자 했다. 그런데 현실은 녹록하지 않았다. 실천하는 방법을 몰랐기 때문이다.

교장 선생님과 연구부장 선생님은 제가 보기에는 되게 답답하게 느리게 가고 있었어요. 그래서 막 성질도 많이 부렸어요. 뭐 하고 있냐고 이러면서 그랬는데, 두 분의 말씀은 전체가 다 같이 시작해야 된다. 그게 학교를 지키는 힘이 될 것이다. 그때는 저는 막 턱도 없는 소리 하지 마시라고. 안 되는 사람은 안 되는 거다 이렇게 많이 얘기를 하고 그랬었는데, 지금 생각해 보면 그때 만약 전체가 참여하는 교수학습 공동체를 만들지 않았더라면 고비고비가 있고 위기가 있고, 이랬을 때마다 어떻게 이 고비를 넘어왔을까 하는 생각이 들어요. 그게 제일 큰 힘이었던 거 같아요.

회현중 교사 양은희

이런 고민들, 끊임없이 서로 모여서 공동체성을 직접 체험하는 교사들은 점차 그 해결책을 찾아가기 시작했다. 공동체 형성 과정으로서의 학교는 스스로 성장하고 있었다. 단지 기다림의 시간이 필요할 뿐이다.

사실은 제가 중심에서 했죠. 예를 들어서 지리산 종주도 해야 된다. 벼농사 체험도 해야 된다. 텃밭도… 텃밭은 그전에도 다른 학교도 많이 했지만, 텃밭 가꾸기도 꼭 해야 한다. 봉사활동도 형식으로 하지 말고 직접 가서 해야 된다. 이런 것들을 직접 몸으로 겪는 거는 제가 그렇게 이야기를 처음에 했었고… 처음에 그게 다 맞았죠. 그런 거는 맞았는데….

어쨌든 하는 과정에서 운동회 하나를 하더라도 서로 부딪치고 처음에는 많이 그랬어요. 왜 그렇게 되냐면… 생각이 다르잖아요. 같은 글쓰기 회원이더라도 같이 한 울타리 안에서 생각을 주고받고 하는….

생각이 다른 거예요. 부딪치고… 어떤 선생님은 운동회를 준비할 때 준비하는 과정에서 철저하게 연습도 하고 이러는 걸 원하는데, 저는 자연스러운 게 좋다. 예행연습 안 하고 그냥 이렇게 하는 게… 이해를 못하는 거예요. 왜 준비도 안 하느냐는 거예요. 처음에 그런 것부터 해서 어떤 행사를 할 때, 왜 이렇게 계획도 설렁설렁 하고 나는 이런 거는 싫다. 이런 걸로 부딪치기도 하고 그랬어요. 처음에는… 단적으로 그것 말고도 여러 가지…. 근데 이제 시간이 지나면서 생각이 조금씩 조금씩 모아지더라고요.
장승초 교사 윤일호

시간은 한 장소 안에서 변화를 가져오는 가장 중요한 요소다. 장소가 변하려면 두 가지가 작동해야 한다. 시간과 사건이다. 사건이 끊임없이 실제로 일어나고, 시간이 흐른 뒤 그 장소에는 변화가 일어난다. 학교도 마찬가지로 처음부터 완벽하게, 다른 사람 보기 좋게 저절로 이루어질 수 없다. 저절로 알아서 스스로 되는 것들은 사람의 머릿속에만 존재하는 관념이다.

끊임없이 치열한 실천이 동반된 결과가 변화를 가져온다. 관념으로 교육하지 않듯이, 관념으로 공동체가 만들어지는 것은 아니다.

교사 시절, 열심히 살았던 교장, 교감 선생님들 중에는 학교 경영을 총괄하는 소위 관리자가 되면 멋진 학교를 만들겠다는 명분으로 전횡을 휘두르는 경우가 있다. 종종 주위에서 "그 교장 선생님, 교사 시절에는 그러지 않았는데 변한 것 같아요."라는 말을 듣곤 한다. 왜 변했을까? 사실 그 교장 선생님은 변하지 않았다. 단지 교사 시절 멋진 학교를 관념으로만 그렸을 뿐이다. 멋진 학교를 만들어 가는데 교육 주체로서 몸소 겪지 않고 '학교 경영을 저렇게 하지 않을 거야. 교장이 되어서 멋진 학교를 경영해야지.' 하는 자신의 비전을 합리화했을 뿐이다.

지혜로운 학교행정가(학교장)는 개인이 가진 의견들이 모아져서 더 좋은 의견으로 만들어지는 의사결정의 긍정적인 문화 변화를 교육 주체들이 몸소 겪는 과정이 필요하며, 그런 변화에는 시간이 필요하다는 것을 알기에 기다린다.

첫해인 2011년에는 회의를 10시, 11시까지 했어요. 서로 안 맞아서… 다 새로운 거를 해야 되잖아요. 2011년도는 10시, 11시, 회의를 그렇게 오래했어요. 거의 일주일에 3번씩, 4번씩… 정말로 그때는 아무

것도 없을 때잖아요. 모든 활동이 다 새로 시작하는 거거든요. 어떻게 할지.

지리산 종주, 텃밭 가꾸기, 모내기를 어떻게 할 것인지… 가장 큰 문제가 애들이 없다가 50명이 넘게 아이들이 모였잖아요. 그러면 거기서 벌어지는 다양한 갈등이나… 그런 것들이 정말 많았어요.

그러니까 잘해 보려고 장승초 보내 놨더니, 혁신학교도 별거 없네, 이래서 전학 간 아이도 있고, 실제로, 한두 가정, 2011년도에… 근데 그런 과정에서… 시간이 그렇게 오래 걸렸지만, 시간이 지나면서 우리가 회의를 그렇게 오래하고 하는 것들이 힘이 된 거예요. 힘이 되고 그 속에서 계속 힘이 많이 생긴 것 같아요.

그 이후로는 계속 짧아졌죠. 지금은 6시… 일주일에 한 번 정도… 이제 가고 싶은 사람은 가요. 그러면 절대 잡지 않아요. 그 대신 회의에 참여하여 교사들이 결정한 거는 교장, 교감 선생님도 의사를 존중해 주고… 번복할 수 없어요. 그거는 교장, 교감 선생님이라고 해서 '왜 이렇게 결정했어?' 그런 거는 전혀 없습니다. 철저하게 지킵니다.

그런 것들이 2011년, 그때부터 학교의 문화로 잡혀 왔어요. 교장 선생님 먼저 가셔도 우리가 이렇게 결정하는 것에 대해서 인정을 해 주시고… 왜 그러냐면… 밤늦게까지 시켜서 하는 게 아니잖아요. 우리가 스스로 하는 거잖아요. 그러니까 그것이 힘이 되는 것 같아요. 존중해 주고, 교장, 교감 선생님도… 아, (이 사람들은) '쇼로 하는 게 아니구나.' 진정성을 본 거죠.

장승초 교사 윤일호

학교 구성원들은 공동체를 통해서 학교의 위기를 극복하면서 학교공동체의 소중함을 몸소 배운다. 처음에 뜻이 맞지 않았던 교사들이 오랜 이야기 속에서 서로를 맞춰 가기 시작했으며, 관리자들은 교사들의 진정성을 알아보게 된다.

교사들의 이런 경험은 학생들의 교육으로 이어졌다. 그러면서 교사들이나 학생들이 학교에서 참여하는 모든 회의나 활동들에 대해서 "학교는 일상으로 민주주의를 경험하는 공간이어야 한다."라고 말한다.

교사들의 이런 문화는 어린이회나 학생회에서 학생들의 경험으로 이어진다.

다. 학교의 꽃은 "학생자치하고 자율 동아리거든요"

교사들의 의사결정 문화를 비롯한 민주시민 문화는 학교의 일상생활로 학생들과 함께해야 한다. 일상의 배움으로 이어지기 위해서는 학생들의 자치활동과 자율 동아리 활동만큼 좋은 것은 없다.

학생들은 학교에서 어떤 자치활동을 경험하고 있는가? 대부분의 학교에서 이루어지는 자치활동은 창의적 체험활동으로 배당된 시간 때우기가 아닐까?

"학교의 주인은 너희들이니 회의를 통해 결정하고 회의록을 제출하도록 하렴." 교사들에게는 이렇게 말한 경험이 있다. 그동안 어린이회의나 학생회에서 결정된 실천 사항들이 교사들에게 어떤 의미가 있었나, 주별 또는 월별로 이미 짜인 의제를 가지고 형식적인 절차에 의해 회의를 하고 실천 사항을 의결했지만 과연 얼마나 실질적인 실천으로 이어졌을까?

혁신교육에 참여하는 교사들은 자치나 동아리 활동에 대한 학교 현실을 직시한다. 그리고 학생들을 위한 학생회나 어린이회, 동아리 활동에 대해 고민한다. 그래서 공동체 문화를 학생들에게 되돌려 주기 위해 노력한다.

질문자　예전에 한 번 방문한 적이 있었고, 또 애들 하필이면 방문했던 시기가 또 아이들 다모임 하는 날이어서, 다모임 하는 거 한 번 본 적이 있어요.

그때 주제가 아마 휴대폰 수거 문제에 대한 이야기를 하는 걸 본 적이 있는데… 회현중 아이들 자치활동, 동아리 활동 어떤가요?

교 사　열심히 하지요. 그런데 방과 후를 동아리하고 연결을 시켰어요. 그러니까 예산이 없어도 지속되게 하려면 어떻게 해야 되냐 이런 고민을 하면서, 방과 후 특기적성 수업을 동아리화하자. 선배가 후배를 가르치고 아이들이 교육과정을 잡고… 뭐 이런 걸 연습하는 단위로 생각을 했어요. 그래서 지금은 특기적성 수업을 다 동아리라고 그러거든요. 월요일 동아리, 화요일 동아리 뭐 이런 식으로 나눠요. 이 동아리 대표를 맡기 위한 경쟁이 서로 하려고 치열해서, 2학년들은 3학년 졸업하기만을 기다리고 있고… 본인들이 아무튼 계획하고 합숙이 필요하면 합숙도 하고. 이런 식으로 동아리가 굴러가고 있는데 아직까지는 외부 강사의 힘을 좀 많이 받지요. 그렇게 해서 진행이 되고 있고.

회현중 교사 양은희

첫술에 배부를 수는 없다. 잘된다 싶으면 새로운 과제도 생긴다.

학생 자치회는 잘하면서도 아쉬운 지점이. 그 집행 부서를 중심으로 움직이는 것은 잘해요. 그래서 기획부니, 복지부니 이래서 행사 기획하고 자기들이 맡아서 쭉쭉 진행하고, 뭐 이런 거는 잘하는데… 그대의 민주주의. 그니까 학급회의가 이루어지고 학급회의에서 논의된 걸 가지고 전체회의에 부치고 이걸 가지고 이제 학교에 반영하고. 이런 흐름이 정말 잘 안 만들어져요. 그게 저희들 과제예요.

회현중 교사 양은희

이런 고민들은 초등학교나 중학교나 마찬가지다. 초등학교에서 다모임과 동아리 활동은 어떤 의미가 있을까? 초등학교 교사는 한 학교에서 6년 동안 자치활동과 동아리 활동을 지도하며 "우리도 생물이지만 아이들도 생물이거든요."라고 말한다.

이런 것이 6년 동안 본 게 뭐냐면… 저는 혁신학교뿐만 아니라 작은 학교… 학교의 꽃은 자치하고 동아리거든요. 이것만 보면 그 학교가 어떤지. 딱 보여요. 그냥. 그래서 저희도 그것을 늘 중심에 두고 하는데. 자치는 진짜 정말 어렵더라고요. 이게 왜 어렵냐면… 우리도 생물이지만 아이들도 생물이거든요. 아이들이 살아 있는데 애들은 우리처럼 계속 5~6년 있는 게 아니에요. 무슨 말이냐면… 우리 학교 다모임은 1학년부터 안 하고 3학년부터 했거든요. 첫해 때 1학년부터 6학년까지 다 했다가… 57명… 그런데 학생이 계속 늘어나는 거예요. 다 모일 공간도 없어요. 그래서 3학년부터 했어요. 다모임 자치활동을 하는데 계속 학생이 늘어나는 거예요. 저희는 이제 회장도 없고 6학년들이 돌아가면서 해요. 그래 가지고 애들이 어느 정도 회의 진행도 잘하고 다모임 이렇게 하는 거야. 자기들끼리 이야기도 되는데. 6학년들이 잘할 때쯤되면 졸업을 하는 거예요. 그럼 다시 5학년들이 이제 올라와요. 5학년들도 이제 선배들이 하는 것은 봤지만 실제로 하는 것은 다르거든요. 그럼 새로 올라온 3학년과 진급한 5학년들하고 6학년이 된 애들하고, 회의는 이런 거고 이런 때는 이렇게 하고 그것을 또 지도하면, 애네들 또 졸업하는 거예요. 그럼 3학년들은 또 새로 올라온 거잖아요. 3학년 애들이 '아 뭐야 다모임 재미도 없어. 형들이 뭐 다 알아서 하고, 우리 의견은 뭐….'

이게 계속 해마다 다른 거예요. 해마다 빠지고 세우고, 우리 나름은 괜찮다 했는데… 언제나 처음이 되는 거예요. 3학년은 아무것도 모르는 거예요. 그리고 새로운 6학년은 또 연습시켜야 되는 거잖아요. 와, 이게 진짜… 학교만의 전통도… 우리도 나름 있기는 있지만… 이게 정말 아이들이 하는 거는 살아 있는 생물이기 때문에… 이 아이들이 우리하고 계속 이야기를… 자치라는 것은 이런 것이다. 수시로 계속 이야기해야 되는 것이죠.

한번 훈련시켜 놓으면 스스로 알아서 착착 할 것 같은데, 절대 안 됩니다. 기계 톱니바퀴 돌아가는 것처럼… 절대 안 됩니다. 교육은 톱니바퀴 돌아가는 것이 아니더라고요. 거기서 우리가 속에서 계속 살아야 되고, 수시로 아무리 잘된다고 잘되는 게 아니고… 그다음에 가면 또 다르거든요. 애들이. 그러면 애들하고 계속 설득하고, 애들하고 계속계속 나누고, 다모임이라는 것은 이런 것이고 이야기 나누고….

장승초 교사 윤일호

서로의 흥미와 관심이 다른 1학년부터 6학년까지의 학생들을 모두 모아 놓고 하는 자치활동을 생각해 보면, 교사들이 자신들의 자치활동 철학을 실현시키기 위해서 얼마나 애를 썼는지 알 수 있다. 일반적으로 '그 학교 무엇을 잘한다고 하더라'는 소문이 나면 선진 학교라고 해서 학교 방문을 한다. 그때 방문자들은 손님이다. 손님은 일상으로 사는 집 주인의 어려움을 알지 못한다. 이해하려고 하지도 않는다. 손님으로 방문한 교사들은 눈에 보이는 결과, 그럴싸하게 잘 포장된 것만 찾는다. 그러다가 신포도를 보고 '저건 내가 따지 못한 것이 아니라, 너무 시어서 따 먹지 않는 거야'라고 했던 여우처럼 '초등학교에서 전교생이 참여하는 자치활동은 어려운 것이다', '회의 진행 잘하는 학생들 몇 명으로 구성된 어린이회를 운영하는 것도 대안이다', '잘한다고 해서 왔더니 별것 없잖아?'라며 자치활동을 교육의 과정으로 보지 않고 결과로만 보려는 '자기 합리화'에 빠지기도 한다.

그러나 과연 그럴까? 우리 교사들의 자치 역량은 초등학교 학생들의 그것과 뭐가 다를까? 교무회의에서 의제를 상정하고 서로의 다른 생각을 가지고 토론하고, 교육과정 편성과 운영에 중요한 의사결정을 내리는 모습을 통해 학생들에게 모범을 보일 수는 없을까?

외부에서 오신 선생님들이 장승초등학교 자치문화 혁신학교 6년 동안 했다고 잘된다고 해서 봤더니, 아니 이게 뭐야 하고 말하는데… 근데 그럴 수밖에 없잖아요. 제가 6년 동안 해 보는 거는 왜 맨날 이렇게 안 되냐고… 선생님들이 그래요. 선생님들이 계속 들어가 있어야 돼요.

애들 관심 가져 줘야 되고, 선생님들도 계속 그렇게 살아야 되고, 이게 어느 순간에 가르쳤다고(생기는 것이 아니라고 봐요)… 그다음에 전통이 생겨 가지고 계속 가고, (아이들이) 대학생들도 아니잖아요. 초등학생들이잖아요.

장승초 교사 윤일호

한 학생에게 소중한 자치활동의 경험을 주기 위해서 노력한 선생님의 모습이 그려진다. 이런 노력에 대해 학생은 결과가 아닌 자기 자신의 성찰로 답한다. 아래의 글은 이현중 학생이 다모임을 마치고 쓴 글이다.

나는 연습이 필요하다

오늘 다모임을 한다. 내가 사회자다. 그래서 나는 떨린다. 다모임을 시작을 했다. 처음에는 제6회 다모임이라고 말하고 끝난 다음에는 어린이 선언문을 말한다. 여기까지 좋았다. 다음은 주제 정하기다. 근데 애들이 말하는 애가 별로 없다. 말하는 애는 없고 떠드는 애들이 많다. 그때 상황에 나는 어떻게 할지 생각을 했다. 생각이 안 난다. 그때 한 명이 손을 들었다. 그래서 나는 "일어나서 말씀해 주세요." 이렇게 말했다. 말한 걸 쓰고 또 다른 사람을 기다렸다. 기다리는 동안 나는 생각을 했다. 무슨 생각이냐면 나는 연습이 필요하다는 생각이다. 다모임이 끝나고 교실에 가면서 나는 사회자를 잘 못했다는 생각이 들었다. 그래도 다음에는 잘할 거다(2015년 5월 6일).

장승초 이현중

보이기 위한 자치활동이 아닌 살아 있는 아이들에게 자치활동을 경험하게 하는 교사들은 잘하는 한 명을 위한 자치활동이 아닌, 모두에게 경험을 주는 자치활동이 되게 하려고 애쓴다.

> 6학년 애들이 모두 돌아가며 사회를 보는 이유는 모든 아이들이 제 자이기 때문이에요. 우리가 나름의 리더십도 다 키워 줘야 되는 거지, 잘하는 애들만 잘 키우면 되고… 그러면 안 되잖아요. 우리 학교 잘하는 애들은 사회 엄청 잘 봐요. 그럼 의미가 없다는 거죠. 애네들이 사회도 한 번 보고 정말 내성적인 아이지만 이런 경험도 하고 좀 더 성장하고 경험을 해야 되죠. 그것을 우리가 학교에서 아이들에게 주는 선물이죠.
>
> 장승초 교사 윤일호

이런 수준일지라도 자치활동, 동아리 활동을 몸으로 일상의 경험으로 체험한 학생들은 진학해서 그러한 경험이 상급 학교에서 공동체 참여의 새로운 형태로 나타난다.

고등학교를 나와서 자기가 좋아하는 대학교에 가기 위해 다시 공부하고 있는 미연이는 중학교 시절 학생회장을 한 경험이 고등학교에서 새로운 자치활동으로 확대되는 경험을 했다고 한다. 고등학생 시절 회장으로서의 경험을 이렇게 말한다.

> **질문자** 그럼 그전에 회장하고 미연이가 회장을 맡았을 때하고 달라진 점이 있을까요?
>
> **강미연** 네. 전에는 학교 시설을 막 바꾼다, 뭐 규정을 완화한다, 이

런 거에만 그쳤던 것 같은데… 제가 대단한 거 한 건 아닌데, 자율 동아리 이런 거 활성화할 수 있게 만들었고, 그다음에 한 달에 한 번 보충 야자 없는 날 만들었어요.

질문자 근데 그런 걸 선생님들이 받아 주셨어요?

강미연 네. 6개월쯤 뒤에 해 주셨어요.

질문자 공약으로 내걸었던 건가요?

강미연 네. 가정의 날 이런 거 가지고.

질문자 가정의 날? 엄마, 아빠하고 저녁 먹는 날. 그러면 선생님들이 6개월 만에 들어 주신 거잖아요. 어려운 점은 없었어요?

강미연 어려움 점도 있었던 것 같아요.

질문자 뭐가 어려웠어요?

강미연 막 그거 한다고 뭐 들고 다니면 담임 선생님은 되게 싫어하셨어요. 공부해야지 이런 거는 대학 가는 데 아무 도움도 안 된다고. 그렇게 해서 혼나기도 했고. 제가 인제 이거를 하려면 교장 선생님은 일단 니 성적이 좀 돼야 이런 걸 하지 않겠냐고. 해서 공부도 해야 되는데… 아, 그리고 친구들이 이거 이렇게 하는 것을 몰라줄 때 조금 서운했는데, 근데 알아달라고 하는 거는 아니니까. 나중에는. 지금도 가정의 날이 이렇게 이어져 오고 있는 것을 보면 그럴 때 뿌듯해요.

질문자 애들 처음엔 좋아했겠네요! 그래도 그게 딱 생기니까.

강미연 물어봤어요. 근데 애들이. 그게 언제 되냐고….

질문자 아, 언제 되냐고. 공약을 지키라고. 그래서 헛된 공약이 아니기를 위해서 노력을 했어요? 그게 회현중학교에서 자치활동

이렇게 중학교에서 경험했던 변화에 대한 작은 경험이 점차적으로 큰 변화를 이끌어 내고 있었다. 학생들에게 완벽한 자치활동을 기대하는 것은 학생들을 기계로 보는 것이라고 생각한다. 학생들은 기계가 아니다. 우리의 삶도 기계적인 것이 없다. 매일매일 달라지는 상황 속에서 학생들의 민주시민성의 경험을 위해서 학교에서 지금도 애쓰는 선생님들께 경의를 표하고 싶다.

라. "선생님, 회의는 왜 소집하셨어요? 그렇게 다 준비하셨으면서…"

교사들은 가끔 유혹에 빠지기도 한다. 학생들을 지도하다 보면 멋지게 마무리하고, 잘 보이고 싶은 욕심이 생긴다. 욕심은 간섭으로 이어지고, 지원이라는 이름으로 지나치게 앞서가기도 한다.

학생들의 학생회를 잘 운영하고자 하는 교사는 학생회에 대한 구상을 먼저 밝히는 교사에게 "선생님, 회의는 왜 소집하셨어요? 그렇게 다 준비하셨으면서…"라고 말하는 학생의 날카로운 지적에 자치활동의 본질을 깨닫기도 한다.

학생들은 교사들의 눈높이 수준의 결과물을 만들지 못해도 그들 스스로 낸 의견으로 만들어진 결과에 대해서 만족한다. 이런 시간 속에서 교사들은 학생들의 참여를 유도하며 학생들과 밀고 당기며 아이들의 눈으로 보고 학생들 스스로 계획하고 실행하는 것만큼 학생들을 성장시키는 것은 없다는 것을 깨닫는다.

아이들이 연극 준비를 하면서 학생들의 자치가 이루어지기 시작했다. 한 반에 한 개씩 무엇인가를 만들기 시작했고, 3학년의 연극에서는 "솔직히 연극도 아니고 주제도 없어요. 하지만 재미있었어요."라는 이야기가 나왔었다. 이제야 아이들의 눈으로 보았던 것 같다.

덕일중 교사 손수경

맹자孟子는 송나라 농부의 우화를 들어 제자 공손추公孫丑에게 호연지기를 키우려면 마음을 도의道義의 성장에 맞추어 서서히 키워 나가야 한다고 말한다.

알묘조장揠苗助長 "송나라 사람 중에 벼가 자라지 않는 것을 걱정하여 벼를 뽑아 올려 준 자가 있었는데, 매우 피곤한 모양으로 돌아와서는 집안사람들에게 '오늘은 너무 피곤하구나! 나는 벼가 자라는 것을 도와주었다!'고 말하므로, 그 아들이 달려가서 보았더니 벼가 모두 말라 있었다. 사실 이 세상에는 벼가 자라는 것을 조장하지 않는 자가 적다. 행하는 것에 유익함이 없다 하여 내버려 두는 자는 김매기를 하지 않는 자요. 억지로 그것이 자라도록 조장하는 자는 바로 벼를 뽑아 올려 준 자이다. 이같이 조장하는 행위는 유익함이 없을 뿐이다. 도리어 그것을 해치게 된다."

손승남 외, 2010

이 이야기는 교사들에게 학생의 성장에 맞추어 서서히 키워 나가야 한다는 메시지를 준다. 학생들의 자치역량은 강제로 뽑아 올린다고 성장하지 않는다. 학생들에게 진정한 자치의 경험을 맛볼 수 있도록 기회를 만들어 주고, 아낌없이 지원하며 기다림의 시간이 필요하다.

마. "학교 행사는 당연히 우리가 준비해야 하는 것 아닌가요?"

질문자 학생들이 학교 행사를 준비한다, 그게 가능한 일인가요?

교 사 그렇더라고요. 체육대회를 봄에 한 번, 가을에 한 번 하는데, 봄에 너무 경쟁 중심으로 하니까 체육대회만 끝나면 애들이 싸우고 사이 나빠지고 뒷담이 무성하고…. 안 되겠다, 그래서 2학기에는 체육대회란 말도 빼 버려라, 그래서 어울림한마당으로 하고 협력할 수 있는 게임, 이런 걸로 하고. 구성도 반별 대항이 아니라 1, 2, 3학년 한 팀씩 이렇게 묶어서 3팀이 했어요. 그랬더니 난리가 난 거예요. 그렇게 안 하겠다고. 학급회의에 다 부치고, 설득이 안 되면 수업 시간에 가서 또 설득하고 그러느라고 어울림한마당 하기 이틀 전까지 프로그램이 마무리가 안 된 상태에서 어찌어찌 마무리해서 선수를 뽑고 해 가지고 진행했는데 해 보니까 너무 좋은 거예요, 애들이. 그런데 이런 문제 제기가 선생님들이 문제를 제기해서 쭉쭉 내려가는 게 아니라, 밑에서부터 저절로 아이들이 뭐냐 이것만 하고 나면 싸우고 다른 걸 고민해 보자, 이렇게 올라오고 자연스럽게 되면 좋겠는데 아무튼 그게 과제예요.

왜 이렇게 안 될까.

질문자　생각을 해 봤는데요. 어리기 때문이 아닌가. 아직은 어리잖아
　　　　요. 그런 게 구조적으로 파악하는 능력이라든지 아래에서 위
　　　　로 올라가는 그런 게 좀…. 아직은 지적인 능력이 부족해서.

교　사　맞아요.

질문자　그런 것 같아요. 그래서 어쩔 수 없이 교사가 약간은 이렇게
　　　　살짝살짝 건드려 주는 게 필요한 시기가 아닌가 하는 생각
　　　　이 들더라고요.

교　사　맞아요.

　학생들이 학교 행사를 준비하는 것은 혁신학교만의 사례가 아니다.
경남 거창의 거창고등학교는 학교 행사를 학생회에서 계획하고, 교사회
와 소통하여 결정하고 실행하는 것으로 알려져 있다. 몇 차례 의견이 오
고 가는 경우에도 최종 결정은 학생회가 한다고 하니, 방치도 통제도 아
닌 지혜로운 방법이라고 생각된다.

　학교 행사를 왜 교사들이 주도하는 것일까? 학생들의 행사이지 않은
가! 경우에 따라 학교 행사의 계획 단계부터 학생들을 참여시켜 의견을
나누어야 한다. 계획, 실행, 운영, 평가회에 이르는 모든 과정을 학생들이
주도적으로 진행하는 학교 행사들이 늘어나고 있다. 이러한 경험을 했
던 학생들은 "우리 학교는 우리가 꿈꾸는 대로 만들어 갈 수 있는 학교
예요. 우리가 학교의 주인이거든요."라고 말한다.

　무엇보다도 남관초등학교 학생은 학교에서 주인공이 되어 자신들이

교육과정 재구성에 자신들의 목소리를 높이며 참여하고, 자율적으로 학생다모임을 통해 학생 중심 교육과정 행사를 이끌어 가며 학교에서 자신의 꿈을 키우고 있다.

　남관초등학교 '학생다모임' 활동은 해를 거듭할수록 학생자치활동 기구로서 자리매김을 하고 있다. 남관학생다모임은 형식 위주의 전교 어린이회를 탈피한 남관 학생 전체로 구성된 민주적 협의 기구인 학생 자치기구로 정기적인 모임은 3~6학년 격주 수요일 1시간씩, 임시 모임은 협의사항이 생길 때마다 학생 스스로의 필요에 의해 전 학년이 수시로 점심시간을 이용해 이루어지고 있다. 학생다모임은 인성실천부, 환경디자인부, 놀이문화부, 북카페부, 봉사부 등 5개 부서로 운영되고 학기 초 남관학생다모임 생활규칙을 정하는 것부터 시작한다. 그리고 학교교육과정 학생 중심 행사(어깨동무 어울마당 한마당, 남관 오감 만족 별빛달빛 뒤뜰캠프, 남관 K-POP, 역사기행, 학교 게시판 환경 꾸미기, 학생 이어달리기, 봉사활동 등등)를 제안하고 기획부터 진행, 평가회까지 주축이 되어 운영하고 있다. 하나의 행사를 기획하고 진행하는 데 짧게는 1~2시간, 길게는 한 달 정도의 협의과정 및 준비 시간이 소요되기도 한다. 교사의 역할은 자문, 조언, 지원, 학부모 역시 필요에 따라 지원을 한다. 시작은 조금 어설프고, 체계도 없어 보이고, 시끄러워 보일지라도 그 속에 그들만의 방식을 기다리며 지켜보고 아낌없이 지원한 시간이 이제 3년! 몰라보게 성장한 남관학생다모임은 이제 남관의 자랑이며 보람이다. 학생들은 남관초등학교는 "내가 학교의 주인이 되어 우리가 원하는 대로 우리의 꿈을 키워 갈 수 있는 학교!"라 말하고 있다.

절대 서두르려 하지 않았고, 어떤 형식이나 틀을 강요하지도 않았다. 학교 구성원 간의 차이와 다름에서 오는 갈등과 상처, 시행착오 역시 고스란히 변화를 시도하는 혁신학교 성장통의 과정으로 받아들였고 그 과정이 꼭 필요한 것도 깨달았다. 이런 과정 속에서 남관교육 가족 구성원 모두가 설렘, 기대감, 뿌듯함, 보람을 경험할 수 있었기에 행복감과 만족감이 크다.

출처_「미래형 학교효과성 측정을 위한 설문 조사 보고서」, 전북교육정책연구소

바. "선생님, 진짜 우리 맘대로 동아리 만들어도 돼요?"

장승초 이현중 학생은 초등학교에서 스스로 동아리를 만들고 운영해 보았다. 난타부는 현중이가 서류를 만들고 신청해서 만들어진 동아리이다. 학생들은 자기가 계획한 일이 실제로 되어 가는 경험을 소중하게 생각한다.

학교생활 중에서 가장 재미있는 활동 중에 하나는 동아리 활동인데, 선생님들은 우리가 하는 것들을 기다려 주셨어요.　　　장승초 이현중

기계를 설계해서 만들어 놓고는 사용하지 않고 방치하면, 정작 필요할 때는 사용할 수가 없다. 어릴 때 연대, 유대감을 느껴 보는 것은 아주 중요하다. 물론 교과서 속에 나오는 다른 사람들의 경험을 보는 것과 학생들이 일상의 경험, 의미 있는 경험으로 체득하는 것은 다르다.

학생과 교사의 관계가 일방적이었던 시절이 있었다. 어떤 일이 작동되기 위해서는 동기가 필요한데, 어릴 때 했던 상호작용의 경험이 동기가 될 수 있다. 서로 주고받는 행위 속에서 배움이 일어난다.

지금은 많은 학교에서 벤치마킹하고 있는 학생 자율동아리, 그 시작은 어땠을까?

학교 구성원들은 꿈꾼다. 학생들 스스로 동아리를 만들고 운영하고 참여하는 모습을 상상한다. 학생들이 스스로의 필요에 의해서 동아리를 조직하고, 활동하면서 결과물을 만들어 내는 유의미한 경험이 있는 학교 이야기를 들어 보자.

동아리는 동아리 나름의 전통이 생겼어요. 작은학교교육연대도 우리에게 많은 도움을 줬어요. 도움도 얻었고… 몇 명 이상이 만들면 지원을 해 주고, 계획서를 제출하면 지원을 해 주고, 강사가 필요하면 강사도 지원해 주고, 먹을 것이 필요하면 먹을 것도 지원해 주고… 자율적으로. 강사가 필요한 동아리는 강사를 지원해 줘요. 작은학교교육연대에서 그런 것들을 이야기하잖아요. 우리 나름으로 그렇게 해 왔었는데…. 경험 나누기를 들어요. 그런 것들도 우리가 참고를 해서 많은 도움도 얻었어요. 이런 아이디어를 작은학교교육연대에서 얻었어요.

8개 동아리가 있거든요. 우리 학교 나름의 동아리는 전통이 있죠. 밴드부 같은 경우는 5년째 하고 있으니까 자리가 잡혔죠. 근데 작은 학교다 보니까 애들이 '아, 나 이제 싫어요.' 하고 옮기거나 그러면 좀 힘들기는 한데, 5년째 유지하고 있고. 외발자전거도 3년째 4년째 동아리가 유지되고 있고, 곤충도 한 2년. 동아리별로 달라요. 영화부는 생겼다가 사라지기도 하고, 댄스부가 생겼다가 사라지고, 만들어지고, 또 뜨개질부는 계속 유지가 되고, 5~6명씩. 뭐 사 달라고 하거나 강사가 필요하면 학부모들이 지원도 해 주고, 그렇게 계속 유지를 하고 있어 요. 동아리는 진짜 잘된다고 봐요. 잘된다는 게, 저희가 월요일하고 목 요일 이틀을 해요. 강사는 두 번을 다 지원하지는 않아요. 일주일에 한 번만 지원을 해 주고, 필요하다고 하면. 예를 들어서 탁구부를 만들었 어요. 10여 명이 '선생님 탁구 강사 지원해 주세요' 그래서 한 번은 학 교에서 지원해 줄 수 있다, 한 번은 너희 자율로 해라. 그다음 밴드부 도 '우리 밴드 선생님 지원해 주세요' 해서, 일주일에 한 번 월요일에는 강사가 오고 목요일에는 자기들 스스로 하고, 그게 이제 전통이죠. 이 제 자리가 잡힌 거죠.   장승초 교사 윤일호

교사들이 정말 애를 쓴다. 예전에는 쉽게 했던 일도 어렵게 하면서 고 생이다. 그들은 왜 사서 고생을 할까. 학교 안에서 공동체를 회복한다는 것이 어떤 의미가 있을까. 학생들의 미래의 삶에 어떤 일이 일어나기를 바라는 것일까. 학생들은 그들의 바람대로 호응해 줄까.

교사들은 지금의 외침이 언제 메아리로 돌아올지 모르지만 소망을 갖고 기다린다. 믿고 기다려 준 선생님들의 모습을 보고 배운 학생들이 어른이 되어 자기 삶 속에서 공동체의 소중했던 경험을 구현할 거라는 소망을 품고….

3. 공동체, 수업 속에서 살아나다

수업은 상호작용 속에서 일어난다. 상호작용은 주체와 객체, 객체와 객체 사이에서 객체와 대상 사이에서 다양하게 일어난다. 교사와 학생, 학생과 학생, 학생과 지역사회의 사람들 사이 등 학생과 대상(자연) 사이에서 일어난다.

그런데 이런 상호작용을 통한 유의미한 학습 경험이 일어나는 공간인 교실만으로 충분할까? 공동체를 경험하며 그 개념을 몸소 체험하는 공간으로 학교는 그 범위가 좁다.

학생들은 교실이라는 공간에서 하루를 보낸다. 깨어 있는 시간의 반을 교실에서 보낸다. 교실에서는 교사를 통해 작위적 상황이 만들어지고 그런 상황을 수업이라고 부른다. 교사에 의해 디자인된 상황은 학생들의 학습 경험을 좌우한다. 20여 평의 공간에 다양한 상황 설정을 위해서 교과서가 들어오고, 시청각 기자재가 들어온다. 교과서와 시청각 기자재(인터넷 매체 포함)를 통한 수업 상황 설정은 학생 중심으로 수업을 디자인하는 데 부족한 점이 있다. 학생들이 좀 더 다양한 객체 또는 대상과의 상호작용을 통해 유의미한 학습 경험을 하려면 물리적으로 제한적인 공간인 교실을 다른 곳으로 확장해야 한다.

혁신학교 교사들은 교실이라는 어휘를 해체하여 배움이 일어나는 공간에 대한 새로운 개념을 설정한다. 이렇게 하여 학생들이 살아가는 모든 공간은 교실이 된다.

가. 생태공동체: "얘들아, 논에 갈까?"

공동체의 모델은 자연생태계다. 자연생태계의 원리가 사람들이 살아가는 사회에도 적용되어야 한다. 최근에 학교 텃밭과 논 등과 같은 공간을 활용한 교육이 활발히 이루어지고 있다. 학교의 교사들은 왜 텃밭을 교육 장소로 확장시켰을까? 학생들은 텃밭에서 무엇을 경험할까? 텃밭이나 논에서 이루어지는 활동이 공동체의 관점에서 어떤 의미가 있을까?

학생들이 논과 밭에 가는 것은 단순히 농사를 짓기 위해서가 아니다. 교육 전문가인 교사들은 어떤 상황도 교육적 의미로 전환시킬 수 있다. 그들은 감자를 심고 캐는 행위를 교육적으로 만들기 위해서 노력하고 연구한다. 교사들은 논에 가서 모를 심고 가꾸고 수확하는 교육과정에서 학생들이 무엇을 배우기를 바랄까?

학교 철학을 세울 때 우리가 '스스로 서서 서로를 살리자'라는 철학을 정했어요. 우선 저는 몸으로 겪기가 중요하다고 생각하여… 초등학교 시절에는 몸으로 겪기가 제일 중요하지요. 그것은 김수업 선생님이

밝혀 놓은 예를 들어 '느낌 생각 뜻' 그것과 연결이 되어 있고, 좋은 느낌을 키우기 위해서는 우리가 좋은 겪기 경험을 해야 한다. 그래서 저희가 이오덕 선생님의 생각을 일하기 교육과정에 적용했어요. 일을 하면서 몸으로… 일하기라는 것이 무조건 일한다, 이런 게 아니고. 물론 그런 것도 다 들어가 있죠. 산길을 걷고 지리산 종주, 벼농사도 그래서 하는 거고, 텃밭도 그래서 가꾸고, 봉사활동도 몸으로 겪기… 그다음에 아이들하고 목공을 하고 제과제빵을 하고 그런 것도 다 몸으로 겪기예요. 교육과정의 핵심은 겪기를 중요시한다, 그런 내용으로 교육과정을 전부 짜게 된 거죠.

장승초 교사 윤일호

자연생태 공간을 교실로 끌어들인 이유는 자연생태계를 하나의 교과서로 보았기 때문이다. 교과서 속에만 배움의 정보가 있는 것이 아니다. 확장된 교실, 즉 텃밭, 논, 산, 들, 냇가 등에서 학생들은 몸으로 많은 것을 배운다.

> **질문자** 처음에 장승초등학교 갔을 때 어땠어?
>
> **이현중** 음, 엄청 좋았어요.
>
> **질문자** 2학년 때는 어떤 점이 좋았어?
>
> **이현중** 왼쪽에는 산이 있고, 밭도 있고, 오른쪽에는 냇가도 있고, 뒤로 가면 논도 있고, 엄청 좋았어요. 그리고 자유롭고….

확장된 공간이 아이들에게 주는 자유로움은 졸업하고도 그 시절을 기억하게 한다.

질문자 장승초등학교 때 제일 기억에 남는 활동은 뭐야?

이현중 어, 다 말해도 돼요?

질문자 그럼 다 말해도 돼. 그래야 현중이가 다른 사람들에게 자랑할 수 있으니까.

이현중 논에 가서 벼 심는 것하고, 그거 심으면서 공부 안 해서 좋고… 애들이랑 같이 심고, 흙 느낌도 좋고… 그때 6학년 때는요. 인터뷰를 했어요. 저 혼자인가? 어쨌든, 와서 인터뷰도 하고…. 그다음은 물놀이, 그리고 그때가 가장 기억에 남고요.

학생들의 풍부한 정서적 감수성은 책으로만 키워지지 않는다. 간접경험의 한계라고 할까. 유년 시절에 봄이 되면 산을 헤매며 진달래를 따 먹고, 찔레꽃을 꺾어 먹어 본 경험이 있는 사람이 그렇지 않은 사람보다 봄의 정취를 더 풍부하게 느끼는 것은 당연하다. 그래서 교사들은 끊임없이 자연을 찾아 교실을 들로 옮기고, 자연을 교실로 끌어들이기 위해 고민한다.

나. 또래 학습공동체: "친구와 공부해요"

학교교육 주체들은 같은 공간에서 생활하는 주체들이 서로 상호작용할 수 있는 기회를 의도적으로 만들어 간다. 이런 상호작용의 경험은 교실에서도, 교실을 넘어선 다른 공간에서도 이루어진다.

전라북도교육청의 '또래학습나눔'은 학생 중심의 학습공동체 구축과 학생들 간의 나눔과 배려의 가치 체화를 목적으로 이루어지고 있다.

> '또래학습나눔'은 학교에 따라 '멘토링', '튜터링', '공부 품앗이', '다솜아띠' 등의 이름으로 다양하게 운영되고 있으며, 학업과 생활에서 돌봄과 지지가 필요한 또래를 학교공동체가 지원하는 프로그램을 말함.
>
> 전라북도교육청, 2016

이렇게 다양한 이름으로 불리는 또래학습나눔은 공동체성의 발현으로 상호작용을 통한 개인 사이의 연대 활동이다. 학교에는 서로 다른 학습 성취를 가진 학생들이 존재한다. 다음에 소개하는 '공부 품앗이' 활동은 서로 다른 재능을 가진 학생이 또래 집단 내에서 학습에 어려움을 겪고 있는 또래 친구의 학습을 지원하는 활동이다. 학생회에서 주관하여 참여 희망 학생들을 모집하고, 멘티와 멘토로 짝을 맞추어 활동하는데 멘토로 참여하는 학생에게는 교육 봉사로 인정하기도 한다.

공부 품앗이 운영 계획

▶ 현황
1) 명칭: 공부 품앗이
2) 정의: 또래 집단 내에서 학습에 어려움을 겪고 있는 또래 친구의 학습을 지원
3) 주관: 학생회장단

4) 멘티 및 멘토 참여: 희망자 모집

5) 관계 맺기: 멘티와 멘토는 짝을 맞추어 신청

6) 인센티브: 간식 제공, 출석 계획에 성실히 참여한 학생 현장체험 기회 제공 또는 멘티-멘토 자발적 독립 여행, 문제집 제공, 필요한 물품 제공, 봉사 시간 부여(성실한 멘토에게 학기별 5시간 부여)

7) 운영 방법

가. 멘토링

• 멘티 학급 내 기초학력 부진 학생, 배우고 싶은 의지가 있는 학생

• 멘토 성적이 뛰어나거나 친구를 돕고자 하는 마음이 있는 학생

멘토(학년)	멘티(학년)	멘토(학년)	멘티(학년)
강OO(3)	양OO(3)	이OO(3)	나OO(3)
송OO(2) 윤OO(2)	박OO(2)	강OO(1)	박OO(1)
윤OO(1) 양OO(1)	최OO(1)		

나. 동아리(2팀): 3학년

• 1팀: 박OO, 강OO, 양OO, 김OO

• 2팀: 이OO, 염OO, 김OO, 최OO, 나OO

다. 운영 시간

• 멘토링-월, 화, 수요일 야간공부방 운영 시간

• 동아리 -교과 학습 시간 및 9교시

라. 지도교사: 멘토링-야간공부방 감독교사

마. 운영 분야

• 전 과목 중점으로 학습 부진 과목을 위주로 하며 나머지 과목도 복습

• 서로 부족한 과목을 채워 주며 배움

바. 운영 장소: 도서실 및 학교 안 빈 교실

▶ 성과: 8년 연속 기초학력 미달자 없음

▶ 전망

1) 학생들 간의 학습공동체를 구축하여 자기주도 학습 분위기를 조성한다.
2) 학교공동체 구성의 기초학력에 대한 책임성을 공유하고 적극적인 참여의식을 함양한다.
3) 학생들 간의 나눔과 배려의 가치를 체계화하여 품성이 좋은 인재를 육성한다.
4) 기초학력 부진 학생들의 학력을 향상시켜 학습 효과를 극대화한다.

또 하나, 학생들이 직접 수업하는 경험을 하게 해 준다. 가르치면서 배운다는 말이 있다. 친구들을 경쟁 상대로 보고 협력과 소통이 없는 교실문화 속에서 자신이 가진 품을 나눠 보는 것은 학생들의 배움과 성장에 큰 의미가 있다.

과학 선생님의 수업이 생각난다. 수업의 일환으로 모둠으로 나누어서 한 명을 뽑아 주제에 대한 설명을 하게 하셨다. 많이 조사하게 되고 우리가 직접 수업을 했다.
　　　　　　　　　　　　　　　　　　　　덕일중 송준기

비고츠키는 학생이 스스로 도달할 수 있는 능력과 학생 주변의 도움을 받아서 도달할 수 있는 능력을 구분한다. 학생들이 학습자 능력 밖의 것에 도달하기 위해서는 현재 발달 수준에서 가까운 단계를 거쳐야

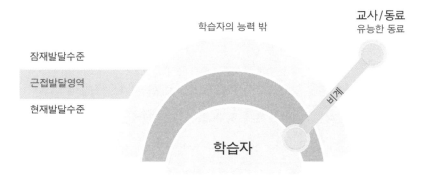

출처_비고츠키 근접발달 이론, https://ko.wikipedia.org/wiki

한다는 이론이다.

또래학습은 비고츠키의 근접발달 이론에 충실한 공동체성이 작용되는 공동체 활동이라 할 수 있다. 학생들끼리 하는 모둠학습의 경우도 이와 같은데, '배움의 공동체', '거꾸로 수업', '하브루타' 등의 수업은 공동체를 기반으로 하는 수업 형태로 관심을 받고 있다.

다. 공동체로 수업하다

기성세대에게 수업은 교사가 학생들을 일방적으로 가르치는 강의를 의미한다. 그래서 교실이 조금만 소란해져도 학생들이 공부를 하지 않는다고 판단한다. 이런 오해는 종종 교육청에 걸려오는 민원성 전화로 나타난다.

학교에 갔는데 선생님들이 수업은 안 하고, 학생들은 수업 시간에

돌아다니고, 소란스럽고, 교육청에서 뭐 하는지 모르겠어요. 학교에서
수업할 때는 학생들이 조용해야 하지 않나요?　　　　학부모 민원 전화

　　초등학교의 경우 열린교육이 널리 시도되고 있을 때, 중학교에 간 학
생들이 시도 때도 없이 교사의 허락 없이 교실 뒤에 비치된 사전을 가
지러 간다든지, 사물함에 책이나 학용품을 꺼내러 가는 것, 화장실에
가는 것을 보고, 중학교 교사들이 도저히 학생으로서 공부할 자세를
배우지 않고 중학교에 왔다고 비판을 많이 받았어요.　　○○초등학교 교사

수업이 이루어지는 공간인 교실은 조용해야 하며, 수업은 조용히 듣
는 것이어야 한다는 기존 관념을 가진 교사들에게는 배움의 공동체, 거
꾸로 수업, 하브루타 등의 수업에 거부감이 있을 수 있다. 하지만 수업
시간에 무기력하게 아무 일도 하지 않는 교실에서 이러한 수업들은 학
생 중심으로 수업이 이루어지는 기재로 작용된다.

　　교 사 잘하는 편인 게, 전에 다른 학교 선생님들이 와서 봤는데, 뭐
　　　　　특별한 기술이 있는 것도 아니고…. 우리가. 이게 되는 게, 그
　　　　　렇게 죽 해 왔고 한두 과목이 아니라 거의 모든 과목이 그렇
　　　　　게 하고. 이러다 보니까 이게 몸에 빨리 익는 거예요. 아이들
　　　　　이 책상 돌려서 모둠별로 무슨 과제를 해결할 때 서로 의견
　　　　　을 주고받으면서 해결하는 게 몸에 배어 있어요. 그래서 이
　　　　　제 수업에 되게 적극적으로 참여하는 편이에요
　　질문자 그럼 지금도 배움의 공동체 수업인가요?

교 사 제가 보기에… 저희는 배움의 공동체 요소 약간, 협력적인 학습 요소도 약간, 이런 거 같아요.

질문자 제가 보기엔 우리 학교도 비슷한 상황이거든요. 처음 3년 동안은 배움의 공동체 수업을 하긴 했는데 이제는 꼭 제한을 두지 않고 모둠식, 모둠별 협력수업을 하는 걸로 하자 이런 식으로.

교 사 그러니까요. 중요한 거는 아무튼 애들이 잘 참여하고 배우는 거니까, 거기에 이 단원은 배움의 공동체가 더 필요하다면 되는 거고, 거꾸로 수업은 아직 진행해 보신 선생님은 없는 것 같아요. 필요하다면 할 수도 있고… 이런 요소 저런 요소 괜찮은 거 끌고 와서 섞어서 하는 거지 딱 이거다 이런 건 아닌 것 같아요.   회현중 교사 양은희

라. 아이들은 왜 지리산에 갔을까?

혁신학교 교사에게 학생들과 함께 했던 활동 중에서 추억에 남는 것은 무엇인가를 물었다. 그랬더니 거침없이 지리산 올라가는 것이라고 답했다. 지리산 가는 것이 학생들에게 어떤 의미가 있었을까?

사실 지리산 종주를 경험해 보지 않은 어른들이 더 많잖아요. 지리산이 상징의 의미도 있거든요. 근데 종주라는 것이 우리가 어렸을 때 생각해 보면 진짜 힘든 고비를 계속 견뎌 가는 과정이고, 그 과정에서

힘든 과정을 겪으면서 아이들하고 선생님들하고 소통하는 과정이기도 하고 또 거기서 하는 활동 하나하나가 다 교육이거든요.

산장에서 잘 때 어른들은 8시면 자거든요. 아이들이 잠이 안 와도 아 이런 곳에서는 8시가 되면 남을 배려해서 내가 피해를 주면 안 되겠구나, 교육이죠. 그리고 식단을 짜요. 아이들이 식단을 짜 가지고 모둠을 만들어서 자기들 스스로 식단 짠 것에 따라서 밥도 해 먹고, 설거지도 하고. 그것도 다 스스로 하는 힘을 키우는 거죠. 설거지, 정리, 쓰레기, 길 가면서 쓰레기 버릴 수 없잖아요. 봉투에 다 담아서 주워서 넣어 가지고 가고… 쓰레기 자기가 다 차고 다녀요. 쓰레기 문제, 진짜 교육이죠.

한두 가지가 아니에요. 지리산 종주 그냥 하나가 아니라. 그곳에서 환경교육도 있죠. 들꽃, 지나면서 아이들과 보면서 이것 무슨 꽃이다, 하거든요. 그리고 환경교육 활동도 있고, 감성교육 되죠. 그다음에 배려, 인성교육 되죠. 피해를 안 주니까, 첫해 때 엄청 떠들었어요. 근데 삼사 년 하니까 '아 산장에 가면 안 떠드는 거구나.' '피해 주지 않는 거구나.' 절대 애들이 안 떠듭니다. 이게 전통이라고 생각해요. 아이들한테 단순히 지리산 2박 3일 힘들게 갔다 왔다 이런 게 아니에요. 애들아, '지리산에 가는 의미가 뭐야?' 하면 애들이 '다른 사람에게 피해 주지 않는 거요.' 장승 애들은 다 그렇게 말합니다. 그게 5, 6년 동안 쌓인 거죠. 그다음에 '너희 설거지는 어떻게 하지?' 그러면 화장지 준비해서 거기서 버리지 않고, 쌀 가지고 와서 물 어떻게 하고 밥 어떻게 하는지, 설거지 어떻게 하는지, 코펠… 다 알죠. 그런 게 진짜 교육이라고 생각해요. 그게 애들의 힘이고 그래서 저는 지리산 종주를 제일 의

미 있는 일이라고 생각합니다.   장승초 교사 윤일호

이처럼 교사들은 어떤 교육과정으로 학생들에게 유의미한 학습 경험을 하게 할 것인가를 늘 고민한다. 초등학생들에게 지리산 종주는 쉬운 일이 아니다. 3박 4일의 지리산 종주가 학생들에게 일으킨 상호작용으로 학생들은 교실 수업 못지않은 학습 경험을 하게 된다.

질문자 그러면 지리산은 몇 번 갔어. 둘레길까지 합쳐서.

이현중 3번?

질문자 그곳에서 친구들하고 재미있었던 일 한 가지만 이야기해줄래?

이현중 처음, 지리산 때요. 김밥을 나눠 줬거든요. 근데요. 누가 바닥에다가 김밥을 흘렸어요. 그래서 모두 집합을 해서. 눈을 감고, 자수하라고 했어요. 선생님이요. 그런데 아무도 안 들었어요. 그래서 9초, 10초 되기 전에 제가 들었어요.

질문자 근데 네가 버린 게 아니었잖아…. 왜 그랬어?

이현중 지리산 올라가고 싶어서.

질문자 그러니까. 김밥을 버린 건 버스 정류장, 밑에서 그랬구나.

이현중 네, 버스 내리고 그랬어요. 거기서 일어난 일이에요.

질문자 네가 그러지도 않았는데, 9초 10초 지나면서 네가 그랬다고 손들었어? 그 이유가 지리산 올라가고 싶어서?

이현중 네. 등산하는 게 제일 재미있어요.

질문자 근데 현중이는 산에 올라갈 체격 조건이 아닌데?

이현중 근데 저는 잘 올라가요.

질문자 누구의 도움도 받지 않고 올라갔어?

이현중 네.

장승초

인터뷰한 교사는 지리산 올라가는 일이 재미있다는 말에 체격이 작아서 힘들지 않았느냐고 물으니, '네에~~'라고 짧게 말하는 현중이의 목소리에서 누구의 도움도 받지 않고 지리산에 올라갔다 온 자부심이 느껴졌다고 한다. 가방 메고 가는 것이 가장 힘들었다는 현중이는 고학년이 되어서 동생의 가방을 들어 주고 싶은 태도를 갖게 된다. 이런 태도가 교실 속 교과서 속의 수업에서 가르쳐질까?

네, 제가 도와줬어요. 5학년 남자애가 있었거든요. 걔가 너무 체력이… 조끼리 같이 가야 하는데. 그 남자애가 체력이 약해서, 제가 가방을 들어 줬어요. 그때 동생이 고맙다는 말을 했죠. 뿌듯했어요.

장승초 이현중

선생님이 시킨 일도 아닌데, 현중이는 동생의 가방을 들어 주었고, 반 친구들이나 동생들과 이야기를 하면서 산에 올라갔으며, 넘어지면 서로 도와주기도 했다고 한다. 이렇게 교실이 아닌 산중에서 학생들은 '협력'이라는 어휘를 몸으로 배웠던 것이다. 지리산을 오른다는 공동의 목표 안에서 그들은 공동체로 하나가 되었던 것이다.

또한 학생들은 선생님들이 왜 그들을 지리산을 올라가게 했는지를 알고 있었다. 그러면서 그 일은 선생님들이 시켜서 한 일이 아니고 자기가 한 일이라고 담담하게 말한다.

> 아, 그거는요. 선생님이 시킨 게 아니고요. 제가 한 거예요
>
> 장승초 이현중

그리고 선생님들이 우리를 위해서 지리산 종주를 계획한 이유는 운동도 되고, 협동도 되고, 즐겁기도 하고, 등산에 대해서 재미를 느끼게 하기 위해서 한 것 같다고 말하고, 나아가서 지리산 산장에서의 경험을 통해 예절을 배웠다고 말한다.

> **질문자** 예절을 배웠다고? 숙소에서의 예절? 그렇다면 지리산 산장 숙소에서는 어떻게 해야 할까?
>
> **이현중** 처음에 전화기는 진동으로 하거나 전원을 끄고, 주위를 시끄럽게 하지 말고, 다른 사람들하고 조용히 하고, 그게 제일 중요해요. 그리고 어디든 가면서 제일 중요한 게 안전이고. 두 번째도 안전이고 세 번째도 안전이에요.
>
> 장승초

이렇게 확장된 지리산이라는 교실은 자연스럽게 배움의 공간이 되었다. 몸으로 체득하며 배우는 시간이 되었다. 학생들과 함께 지리산을 종주하는 교육과정에는 안전, 배려, 건강, 협동, 예절, 인내, 땀의 소중함 등 소중한 배움의 가치들이 가득했다.

마. 교실, 지역사회를 초대하다

4차 산업혁명을 이야기하는 시대가 되었다. 사람의 노동을 기계가 대신하는 시대가 다가올 것이라고 한다. 앞으로는 사람만이 할 수 있는 일을 찾아야 한다. 학생들이 미래를 준비하기 위해서는 사람의 영역을 찾아서 개발해야 한다. 그중 하나가 사람만이 가질 수 있는 감정의 영역인 공감 능력이다.

타인과 사물에 대한 공감 능력은 교실이나 학교의 교육 활동만으로 충분하지 않다. 그래서 교사들은 타인의 삶과 지역의 삶에 공감해 볼 수 있는 수업을 구상한다. 지역사회를 교실로 확장한 교육적 상상력이 들어간 수업을 하려면, 우선 교사들에게 수업은 교실과 교과서로만 이루어져야 한다는 고정관념을 깨는 패러다임의 전환이 요구된다.

교실의 장이 지역사회로 넓어질 때, 고학년 학생들은 학교와 지역사회를 연결하는 경험을 통해 자신들이 몇 년 뒤에 속할 사회에 공헌하는 기회를 가질 수도 있다.

교사들은 교실 속으로 지역사회를 초대하고, 지역사회 속으로 교실을 옮기기도 한다. 교사들을 만나면 지역사회와 연계된 다양한 활동들이 이루어지고 있었음을 알 수 있다.

지역사회 속으로 교실을 옮기는 일은 많이 있다고 봐요. 이제는 많은 학교 수업 속에서 다반사로 이루어지고 있는 지역사회로 찾아가는 학예회… 세대 간의 소통을 위해서 마을 경로당에 가서 마을의 어르신들에게 안마를 해 드린다거나 말벗이 되어 드리는 활동… 대형마트에 밀려서 어려움을 겪고 있는 지역 시장 살리기 캠페인, 학교의 텃밭에 농작물을 재배하여 5일장에 팔거나 김장을 해서 마을의 경로당을 찾아가서 전달하며 갖는 음악 발표회, 학생들에게 일정 금액의 용돈을 주고 대형마트가 아닌 일반 시장에서 물건을 사게 하는 경험을 하는 프로젝트, 동네에 가서 어른들과 함께 마을 담에 벽화를 그리는 활동, 마을에 살고 있는 어르신들의 이야기를 듣고 생애사를 써서 자서전 만들기, 도로의 간판에 영어 사용 빈도를 조사하여 한글 사용 캠페인 벌이기, 지역사회에 나가서 위험한 곳을 찾아서 대안을 제시하여 동사무소에 민원을 넣는 지역사회 시민 경험하기, 수업 시간에 만든 공익 캠페인 광고를 가지고 지역사회로 나가서 실제 캠페인 활동하기, 농번기에 지역사회로 나가서 고추를 따거나 밭을 매는 등 지역의 어른과 함께 농사일 돕기, 마을을 돌아보고 보다 행복한 마을 만들기 위한 대안을 제시하기, 마을 어른들과 바자회를 같이 열어서 모아진 기금으로 학생회에서 정한 기부활동하기, 학교 텃밭 관리에 어려움을 극복하고자 동네의 이장님과 계약하여 이루어지는 텃밭 운영 프로젝트, 우리가 사는 마을의 이야기를 수집하기 위해서 마을을 돌아다니며 모아온 이야기를 책으로 출판하기 등.
동신초 교사 이복환 외

교사들을 통해 조사된 이런 활동 외에 지역사회 현실에 맞는 더 다양한 활동들이 각각의 지역에서 이루어지고 있을 것이다. 중요한 것은 어떤 활동을 하든지 배움이라는 것이 교실 밖으로 나와서 이루어진다는 것에 큰 의미를 갖는다.

지역의 어른들이 교실 속으로 초대되어 선생님이 되기도 해요. 요즘 마을 선생님이라는 말이 있는데… 마을 어른들의 삶이 교실 속으로 와서 학생들의 교과 수업 프로젝트와 융합하는 거죠. 정읍의 경우 혁신교육특구 사업으로 학생들이 지역사회로 나가거나 마을 어른들이 교실 속으로 와서 교사와 협력수업을 하는 프로그램이 140여 개가 이루어지고 있는데… 이런 시도는 지역사회를 교실로 초대하여 학생들의 삶을 풍성하게 하는 데 도움을 줄 거라 생각해요. 사실 학교에서 지역사회에 대해서 모르는 경우가 많거든요. 많은 교사들이 출퇴근을 하는 현실에서 지역사회의 이런 자원들을 찾아서 안내하는 교육지원청의 지원에 감사해요. 지원이라는 것이 무엇인지 느끼고 있어요.

정주고 교사 정찬영 외

학생들은 지금도 그렇고, 다가올 미래에도 그렇고 공동체의 일원이 된다.

지금 나무 그늘에서 쉴 수 있는 것은 누군가가 나무를 심었기 때문이다. 학생들이 꾸릴 다가올 사회에서 공동체성은 어린 시절의 경험 속에서 싹트고 자라야 한다. 하루아침에 로마가 세워지지 않았듯이, 공동체성은 하루아침에 채워지지 않는다.

오연호는 『우리도 행복할 수 있을까』(2014)에서 덴마크를 방문하고 그들이 행복한 이유를 '행복 사회를 이해하는 6개의 키워드'로 정리한다.

자유 스스로 선택하니 즐겁다.

안정 사회가 나를 보호해 준다.

평등 남이 부럽지 않다.

신뢰 세금이 아깝지 않다.

이웃 의지할 수 있는 동네 친구가 있다.

환경 직장인의 35퍼센트가 자전거로 출퇴근한다.

요즘 학생들에게 학교 밖에서 만나는 어른들은 경계의 대상이다. 종종 동네 어른들의 선의적 가르침도 오해를 받는다. 험한 세상에서 동네 어른들은 잠재적 범죄자로 취급 받는다. 위의 다섯 번째 키워드 '이웃'을 우리 사회의 지향을 위해서 이렇게 바꾸면 어떨까? '이웃: 의지할 수 있는 동네 어른들이 있다.'

학교 수업 속으로 지역사회를 초대하고 지역과 만나는 기회를 갖는 것은 어른들이 어릴 때 경험했던 마을 안에서 교육공동체를 회복하는 하나의 방법이다.

4. "공동체, 교육을 중심으로 지역사회(마을) 속에서 살아나야…"

지금까지 학교 안에서 공동체를 고민하는 선생님의 모습, 그 안에서 공동체를 몸으로 배운 학생들의 모습을 살폈다. 이제는 왜 공동체가 교육을 중심으로 지역사회 속에서 살아나야 하는가를 고민해 본다.

가. 왜 지역(마을)교육, 마을교육인가

교사들은 수업 공간의 해체, 상호작용의 재정립, 연대의 재구성을 통해 공동체로서의 새로운 학교 개념을 만들어 가고 있다. 공교육을 혁신한다는 것은 그동안 산업화 시대에서 제 역할을 다하고, 시대의 저편으로 넘어가는 학교에 새로운 정체성을 세우는 일이다. 교육이 자본과 기득권력 유지에 의한 시장 논리에 휘둘리며 가라앉고 있을 때 희망을 보여 주어야 한다. 이러한 노력의 하나가 공교육 혁신의 큰 줄기를 이루고 있는 마을교육공동체이다. 잡지 못할 신기루를 좇아가기보다는 장차 지역 시민으로 자라날 세대에게 현재 발 딛고 살고 있는 지역의 삶이 소중함을, 작은 것은 소중하다는 새로운 가치를 깨우쳐 줘야 한다.

왜 국가 교육에서 지역 교육으로 가야 하는가? 국가공동체 패러다임은 산업화 시대에 중앙집중화와 서열화를 통한 경쟁 조장으로 그간의 몫을 다했다. 그 과정에서 지역은 중앙에서 빨아들인 빨대로 인해 황량해졌으며, 점차 활력을 잃어 갔다. 너무 큰 몸집은 어섯(부분, 가지)들을 주체로 인정하지 못하고, 그 고유한 색깔을 담아내지 못한다. 전체가 온전히 세워지고 튼튼해지려면 각각의 어섯들이 주체로 서야 한다. 우리는 성장거점을 중심으로 이른바 낙수효과로 주변 지역이 살 수 있다는 패러다임이 통하는 시절을 보냈다. 모든 사회 기능이 수도권과 도시로 몰렸다.

큰 나무가 큰 바람을 견디며 그 삶을 지속하려면 뿌리, 몸통을 비롯한 각각의 줄기가 제 구실을 해야 한다. 한 몸, 즉 공동체는 어섯들의 튼튼한 자리매김이 있어야 된다. 여기서 말하는 어섯은 지역사회다. 지역사회가 튼튼해야 우리 사회가 바로 설 수 있다. 지역 교육은 역설적이게도 미래 교육이며 교육의 뿌리가 된다.

고등학교 때 배운 고전 속의 '불휘 기픈 남간 바라매 아니 뮐세, 꽃됴코 여름 하나니' 노래처럼 뿌리가 튼튼한 우리 사회의 새로운 그림을 그리려면 어떻게 해야 할까. 국가 주도로 중앙에서 지방에 이르기까지 일사불란하게 지시받은 일들을 충실히 해 온 행정기관으로서의 학교에서 벗어나야 한다. 중앙 집권적 권한을 지역 교육에 위임하여 민주성, 자발성, 지역성을 지닌 새로운 학교로 거듭나야 한다. 제 빛깔을 갖춘 나무들이 자기 색을 뽐내며 스스로 자라지 않으면 다양한 나무들이 더불어 공존하는 큰 숲을 만들지 못한다. 세계화, 표준화만으로는 다양한 삶을 담아내지 못한다. 지역화, 분권화라는 새로운 그릇이 필요할 때가 되었다.

나. 지역에서 사는 사람들에게 행복한 삶이란 무엇인가

학생들은 날마다 만나는 사람들의 삶이 소중함을 얼마나 알고 있을까? 학생들을 위한 진로 직업 교육은 삶을 이해하는 원을 넓히는 작업부터 시작해야 한다. 학생들이 살고 있는 주변의 삶부터 이해하는 것이 우선순위다. 우리 아버지와 어머니, 할아버지와 할머니, 이웃집 아저씨와 아주머니의 직업 세계, 삶의 철학을 이해하는 것이 먼저다. 그런데 우리는 TV 드라마, 영화, SNS 속의 직업 세계를 보면서, 꿈을 갖고 포기하지 않으면 '할 수 있다'는 말로 학생들을 경쟁시키고 있지는 않은가. 드라마 속의 포장된 직업으로 자라나는 세대를 경쟁으로 내몬다면 미래 사회에서 벌어질 양극화, 비교화, 열등화로 일어날 사회적 문제를 우리 기성세대가 책임져야 할 것이다.

혁신학교의 성과를 이어 지역 차원에서 혁신교육을 실천하는 사업이 혁신교육지구 사업이다. 그리고 마을교육공동체 회복을 위해 전국에서 다양한 유형의 마을교육공동체가 시도되고 있으며 전라북도에서는 '혁신교육특구'라는 이름으로 진행되고 있다. 그중에서 정읍에서 이루어지고 있는 '정읍특색교육과정(샘고을빛깔교육과정) 지원 사업'은 교실을 마을로 확장하거나, 마을의 어른들을 선생님으로 위촉하여 교사와 함께 수업을 하는 등, 교실과 선생님에 대한 새로운 접근을 하고 있다. 학생들이 살고 있는 마을에서 찾은 교육 내용을 마을 선생님과 함께하는 수업으로 끌어들이고 있다. 드디어 지역의 우수한 교육 환경이 학교교육과정으로 들어오고 있는 것이다.

그동안 학교의 교실 수업은 교과서를 바탕으로 전국의 모든 교실에서 표준화된 수업이 이루어졌다고 할 수 있다. 국가는 교육과정 고시를 통해 지역의 특색을 고려하여 교육과정을 운영하라고 한다. 하지만 교실 속의 현실은 교과서라는 교재가 수업을 지배했다. 그렇기에 전국의 모든 학교가 교육 내용이 획일화되었던 것이다. 이런 현실에서 혁신교육을 실천하는 교사들은 학교의 담을 낮추고, 학교 안에서만 하는 틀에 박힌 교육에서 벗어나 지역과 함께하는 지역 교육을 지향하기 시작했다. 교과서 속에 포장된 어른들이 아닌 지역에서 땀 흘리며 가족을 부양하는 정직한 어른들을 학생들의 삶 속으로 들어오게 하고 있다. 그들은 학생들에게 삶의 모델이 되는 어른으로 일상으로 만나는 이웃집 어른들의 삶이 될 수 있음을 안내하고 있다. 그리고 그러한 어른의 하나로 지역에서 살고 있는 교사 자신이 될 수 있음을 몸으로 보여 주기도 한다.

AIArtificial Intelligence의 등장으로 인해 미래에 우리 아이들이 갖게 될 직업 세계가 불확실하다고 한다. 이러한 시대의 변환기에 선생님들은 '나는 누구인가', '나는 어떤 관계 속에서 살아야 하는가', '행복한 삶이란 무엇인가'를 질문하며 묵묵히 그들의 길을 찾아가고 있다.

다. 교실, 학교 그리고 지역사회

다음은 '마을로 가는 소풍'을 추진하고 나서 마을공동체 사무장에게 받은 편지다. 놀이동산에 가는 현장체험학습을 학생들이 사는 마을로 가는 소풍으로 바꿔서 학생들에게 고향에 대한 정경을 심어 주기 위해 시작했다. 60~70년의 차이를 두고 서로 다른 세대가 마을이라는 공간에서 만났다. 마을은 각 세대의 시간이 겹치는 공간이 되었다.

안녕하세요, 반갑습니다.

지난번 교육청에서 마을로 가는 봄소풍이라는 주제로 마을에서 학생들과 시간을 보내게 되어 영광이며, 참신한 아이디어가 모쪼록 아이들에게 좋은 기회이며 기억이 되었으면 좋겠습니다.

저희 마을에서는 이번 일을 치르면서 나름의 평가를 했던 것을 말씀드리겠습니다.

마을에 시끌벅적한 아이들의 소리가 나니 주민들이 사람 사는 것 같다며, 또한 아이 키울 때 해가 저물도록 뛰어노느라 돌아오지 않았던 자녀, 제대로 배불리 밥도 못 먹고 노는 것에 정신 팔려 학교 갔다 와서 가방 던져 놓고 말썽 피우며 놀았었는데, 요즘 아이들은 놀 줄도 모를 거야 하시며, 의심스러운 눈빛으로 지켜보시더니, 아이들이 함께 어울려 노는 모습을 보시더니, 애들은 애들이여 역시 잘 노네 하시며, 오히려 어른들의 흥분된 모습을 보았노라고, 흐뭇해하셨습니다.

이처럼 마을 어른들에게 농촌에 대한 관심과 이해라는 두 가지 기회를 주신 것에 대해 감사들 드리며, 아쉬움 점은 배불리 먹여 보내야 마음이 편한데 때가 되었는데 그냥 보내는 것이 손자 손녀를 보내는 것처럼 마냥 아쉬워하였습니다.

다음엔 먹고 즐기고 함께하는 기회였으면 좋겠습니다. 물론 마을에서 개떡과 호박식혜 간식을 준비하였지만요. ㅋㅋ

신기마을 부녀회장 드림

마을의 어른들은 아이들을 마을로 소풍 오게 해 준 것에 감사하다며, 교육청까지 직접 찾아와서 '입술에 루주 바를 기회를 줘서 고마웠으며, 옷장에만 있던 외출복을 꺼내 입을 기회를 줘서 고마웠다'고 했다. 지나가는 이웃 마을 어른들이 마을로 관광차가 들어가는 것을 보고 '저 마을에 뭐가 볼 것이 있다고 사람들이 간다냐?'며 부러운 시선을 보냈다고 한다.

학생들은 누구나 꿈을 가지고 있다. 그 꿈을 이루기 위해서 부모 곁을 떠나 타 지역으로 가야 할 때도 있다. 그때 그들은 그곳에서 새로운 공동체에 속하게 될 것이다.

그때 학생들은 지역의 어른들에게 받았던 존엄한 존재로서의 삶의 경험을, 지역의 어른들에게 배웠던 삶의 가치와 철학을 이웃과 나누며 더불어 살게 될 것이다.

한 존재가 인생을 살면서 살아가야 할 삶의 공간은 바뀔 수 있으며, 그때마다 상호작용할 존재들도 바뀔 수 있다. 그리고 유대와 연대해야 할 사람과 사물도 바뀔 수 있다.

학생 시절 습득한 공동체 경험은 삶의 초석이 되기에 중요하다. 그렇기에 공동체에 대한 단순한 일회성의 경험을 넘어 일상의 교육적 체험이 이루어지는 교실, 학교, 지역사회는 우리 미래 세대에게 중요한 배움터가 되어야 한다.

자라나는 미래 세대를 위해서 우리의 선생님들은 탐구를 통해 교육의 새로운 개념을 과거로부터 가져오고 있으며, 이 시대에 맞는 새로운 개념으로 제시하고자, 실천으로 그 답을 보여 주고 있다. 혁신교육은 지역교육이며 미래 세대의 삶을 생각하는 교육의 본질 찾기라고 생각한다. 혁신이라는 말에 대한 부담을 덜고, 현재의 우리사회 문제를 해결하여 미래 사회를 준비하는 지금의 교실, 학교, 지역사회가 되었으면 하는 바람이다.

5장

가슴 뭉클한 학교,
하나쯤의 추억은…

1. 혁신은 옳다

혁신학교가 옳은가와 괜찮은가를 논할 때, 괜찮지 않다고 옳지 않은 것은 아니라고 생각해요. 혁신학교가 경우에 따라 사람들한테 사랑을 못 받는 것은 옳지 않아서가 아니거든요. 성적만을 중시하는 이 사회가 문제인 거죠. 혁신학교는 옳은 방법인데 사회가 못 따라가고 있다고 생각해요. 우리 학교는 옳은 길을 가고 있어요. 충분히 옳아요.

덕일중 송준기

가. 토닥토닥 쓰담쓰담

괜찮지 않다는 것은 무엇이고, 옳은 것은 무엇일까? 사람들은 자신의 생각과 다르거나 불편하면 괜찮지 않다고 말할 수 있다. 그러나 옳은 것에 대해서는 그렇게 살지 못한다 하더라도 '옳다'라고 말한다. 무엇이 옳고 그른지에 대해서 학생들도 충분히 판단할 수 있다. 혁신은 옳은 방법이며 옳은 길을 가고 있음을 준기는 알고 있다. 안다고 다 행하는 것은 아니며, 옳다고 다 그렇게 사는 것은 아니다. 혁신의 방향이 옳다는 것을 알아도 살아왔던 삶을 바꾸며 실천하는 것도 쉽지 않다. 준기가 말하는 옳은 학교, 충분히 옳은 학교를 만드는 과정은 쉽지 않다.

학교 혁신의 과정이 그러하다. 누구도 가 보지 않은 길이기에 한 발걸음을 내딛는 것 자체가 두려움이다. 도스토옙스키는 "새롭게 한 발을 내딛는 것이 세상 사람들이 가장 두려워하는 것이다."라고 했다. 경험해 보지 않은 사람들에게 막연한 불확실성은 두려움일 수밖에 없다. 오랜 시간 동안 형성된 관료적이며 권위적인 학교문화와 성과를 중시하는 시스템 등과 같은 벽과 마주하며 느끼는 막막함도 있다. 그 벽은 높고, 두껍고, 단단하고 너무 높게만 보인다. 혼자서는 도저히 넘을 수 없는 벽이라고 생각된다.

> 난 말이야 넘지 못할 벽은 없다고 생각해. 아니 오히려 뛰어오르라고 도전하라고 벽은 높이 솟아 있는 게 아닐까? 벽 앞에서 절망하고 되돌아서는 이들을 위해 한번 덤벼들어 보라고, 주저앉아서는 안 되고 반드시 뛰어넘어야 한다고 벽은 말하고 있는 거야. 그래서 벽은 높고, 두껍고, 강하고, 오만한 것처럼 보이는 거지. 그러니까 넘을 수 없는 벽이란 없는 거야.
>
> _안도현(2010)

이런 말에 위로를 받고 힘을 내 힘껏 뛰어넘어 보려 하지만 쉽지 않은 현실의 벽 앞에서 작아지는 자신의 모습에 초라해지기도 한다. 그러다 보니 혁신과 변화보다는 정신적, 감성적 에너지도 필요하지 않으며 위험성도 별로 없는 현상 유지의 유혹이 매력적으로 다가온다.

구성원 간의 갈등 문제는 어떠한가? 사람들과의 갈등 관계에서 받는 마음의 상처는 너무 커서 회복되는 데 많은 시간이 필요하다. 나도 힘들고 아픈데 차마 말하지 못하고 참고 견뎌 온 시간들도 많았을 것이다. 혼자서 괴로워한 시간도 많았을 테고 동료들의 따뜻한 말 한마디가 그리운 때도 있었으리라. 이렇듯 혁신의 과정은 순탄하지 않다. 그 시작부터 하나하나의 과정마다 두려움을 극복하고 벽을 넘어서는 시간들 속에 아픔도 상처도 외로움도 있었으리라.

"선생님께서 그 과정을 견뎌 주고, 자리를 지켜 주고, 함께 해 주셔서 지금의 학교 혁신이 만들어졌습니다. 토닥토닥! 쓰담쓰담! 감사합니다. 선생님!"

나. 충분히 옳다

'충분히'는 사전적으로 '모자람이 없이 넉넉하게'라는 뜻이다. 옳은 것을 넘어 '충분히 옳다'는 말은 준기의 입장에서 볼 때는 학교생활에 모자람이 없이 넉넉했다는 뜻일까? 우리가 얼마나 행복하고 좋아야 '충분히'라는 말을 붙일 수 있을까?

두려움과 벽과 갈등은 우리가 가고자 하는 학교 혁신의 길에 걸림돌로만 존재하지 않았다. 두려움을 극복하며 담쟁이 잎 하나가 담쟁이 잎 수천 개를 이끌고 벽을 넘듯이 동료들과 함께 손을 잡고 벽을 넘어서는 과정과 마음을 터놓고 갈등을 풀어 가는 과정에서 내가 더욱 단단해지고 공동체가 성장하는 디딤돌이 되어 주었다. 내 마음과 함께하며 힘이 되어 주는 동료들이 삼삼오오 생겼다. 되돌아보면 아픈 만큼 성장한 시간이다. 처음에는 막연해서 두렵고 외롭고 힘들어 때론 흔들렸지만 "이 세상 그 어떤 아름답고 빛나는 꽃들이 흔들리면서 줄기를 곧게 세우고 바람과 비에 젖으며 꽃잎 따뜻하게 피웠듯이"(도종환) 흔들리면서 교육 신념을 더욱 곧게 세우고 극복하는 과정에서 혁신교육의 꽃을 피우고 있다. 우리는 충분히 의미 있고 옳은 길을 걷고 있다. 우리가 듣고자 하는 그 답을 우리 아이들이 '혁신은 옳은 길이라고, 충분히 옳다'라고 말해 주고 있다. 참 듣고 싶었던 말이다. 감사의 말이며 힘이 되는 말이다.

혁신교육은 학교교육에 생동감과 생명력을 불어넣고 있다. 교실에서 묵묵히 실천하는 삶을 살아가는 교사들이 더욱 인정받고 존중받는 학교문화를 만들었다. 수동적이었던 교사들이 학교교육의 주인으로 서면서 교사들이 자발적이며 능동적인 태도로 학교교육에 참여하며 생동감 있는 교육활동이 펼쳐졌다. 역동적이며 생명력이 넘치는 교육 활동이 많이 이루어지고 있다. 학생들은 학생 자치 및 자율 동아리 활동, 수업-생활협약, 학생 참여 수업 등을 통해 배움의 주인으로 서고 있으며, 학부모와 지역사회의 건강한 학교교육 참여가 다양한 형태로 일어나고 있다.

혁신교육은 교사들이 빛나는 학교, 학생들이 빛나는 교실, 공동체가 함께할 때 더욱 빛나는 교육이다. 살아 움직이는 생명체 운동이며, 학교교육에 생명력을 불어넣는 교육 운동이다. 그래서 혁신교육은 옳다. 충분히 옳다. 그 옳은 길을 묵묵히 걸어가며 실천적 삶을 살아가는 선생님의 삶 또한 옳다. 충분히 옳다.

혁신교육은 결국 정현종 시인의 「사람이 풍경으로 피어나」의 시구처럼 학교를 풍경으로 피어나게 하고, 한 사람 한 사람을 풍경으로 피어나게 하는 일인 듯싶다.

사람이 풍경으로 피어나

사람이
풍경으로 피어날 때가 있다.
앉아 있거나
차를 마시거나
잡담으로 시간에 이스트를 넣거나
그 어떤 때거나

사람이
풍경으로 피어날 때가 있다.
그게 저 혼자 피는 풍경인지
내가 그리는 풍경인지
그건 잘 모르겠지만

사람이 풍경일 때처럼
행복한 때는 없다.
_정현종

2. 교사, 존재로 서다!

학교 혁신의 길, 첫걸음을 어떻게 떼어야 할까? 교사의 삶, 무엇을 어떻게 실천해야 할까? 공동체 모두가 꿈꾸는 행복한 학교를 위해 우리는 어떻게 살아가며, 어떤 존재로 살아가야 할지 몇 가지 생각을 나누어 본다. 기타 줄을 튕겨 음을 조율할 때 다른 개방현의 음이 같으면 진동하며 울리듯이, 우리가 서로 다른 공간에 있지만 공감하며 우리 모두의 마음에 울림이 되길 소망한다. 우리 삶의 울림이 교실마다 학교마다 지역마다 아름다운 삶으로 꽃피길 소망한다.

가. 사유하는 존재 (정태식, 2015)

> 죽어서도 생각해야 한다. 생각하는 백성이라야 산다. _함석헌

학교 혁신은 누가 실천해야 할까? 답은 먼저 생각한 사람, 먼저 깨달은 사람이다. 작은 단위에서부터 학교 혁신의 가치와 철학을 몸소 실천

하면서 함께할 동료를 모아 학습공동체를 구축해서 학교 혁신의 동력과 에너지를 만들어야 한다. 학교 혁신은 결코 혼자만의 힘으로 실천하기는 어렵다. 나로부터 시작하지만 함께할 동료를 모으는 일에 관심을 기울여야 한다. 동료의 마음은 나의 유창한 말에 의해 움직이지 않는다. 나의 진솔하고 열정적이며 실천적인 삶이 동료의 마음을 움직일 수 있다.

동료와 함께 학교 혁신을 위해서 나는 어떻게 살고 있는가. 지금은 이것을 성찰해야 할 시점이다. 교사로서 나는 어떤 삶을 살고 있나, 교직에 첫발을 내디뎠을 때 꿈은 무엇이었으며 그 꿈을 이루어 가고 있는가, 나는 학생들과 동료 교사들로부터 존중받고 인정받는 교사인가. 이제 타인의 시선으로 스스로를 바라보아야 한다.

신영복(2016)은 "나에게 햇볕이 죽지 않은 이유였다면 깨달음과 공부는 살아가는 이유였습니다. 여러분의 여정에 햇볕과 함께 끊임없는 성찰이 함께하길 바랍니다."라고 했다. 교사에게 필요한 것은 내가 하고 있는 일에 대한 끊임없는 성찰이다. '수업은 왜 하지?', '학생들에게 참된 배움이란 무엇인가?' 배운 대로, 가르쳐 온 대로 가르치는 것이 틀렸다는 게 아니라, 우리가 교사로 살아온 길에 대한 성찰을 통해 우리가 가고자 하는 길을 따라 바르게 걸어가고 있는지를 되돌아보자는 의미이다.

교사들의 삶에 대한 성찰의 과정에서 안타깝게도 많은 아픔과 상처가 나타난다. 전 서울시교육청 교육감 곽노현(2014)은 교육청과 학교를 '무사유, 무성찰, 무비판, 무책임, 무기력의 5무가 지배하는 낙후한 관료체제'라고 했다. 학교가 왜 이렇게 5무가 지배하는 낙후된 관료체제가 되었을까를 생각해 본다. 상처가 많기 때문이다. 실적과 성과 등을 강요하는 교육정책으로 받은 상처, 권위적이고 수직적인 학교문화로부터 받은 상처, 과중한 수업과 행정 업무로 사유할 시간조차 주지 않아서 받은 상처들이다. 그 상처들이 쌓여 무사유, 무성찰, 무비판, 무책임, 무기력을 낳았다.

건강한 학교로 탈바꿈하려면 먼저 교사들의 상처를 보듬고 치유하는 정책이 우선되어야 한다. 그런데 아직도 교원성과급, 학교폭력 유공교원 선정, 학교평가, 교원평가, 국가수준학업성취도평가 등 비교하고 경쟁을 유발하는 정책으로 교사들에게 상처를 주고 있다. 명령과 지시, 복종을 강요하는 일부 잘못된 리더, 수많은 지침과 규정들이 교사를 움츠러들게 하고 있다. 이러한 문제들을 해결해 주어야 교사들이 학교교육의 주인으로 당당히 서서 학교 혁신의 주체로 설 수 있다.

아마추어는 '그렇기 때문에'라고 말하고, 프로는 '그럼에도 불구하고'를 말한다고 한다. 교육하기 좋은 환경을 위해서 제도와 환경을 개선하기 위한 노력과 더불어 현재 주어진 환경 안에서 전문가다운 프로 정신을 가지고 사유하며 실천하는 삶도 필요하다. 5무가 지배하는 학교임에도 불구하고 학교 혁신을 위해서는 사유하는 교사가 필요하다. "Cogito, ergo sum(I think, therefore I am)." 여기서 코기토cogito는 모든 것을 의심하는 사유 주체를 의미한다. 의심한다는 것은 내가 지금까지 참이라고 믿고 있던 것이 진정으로 참일 수 있는지 근거를 찾는 것을 의미한다. 데카르트는 "나는 내가 사유하는 동안만 존재하고, 사유를 멈추자마자 존재하는 것을 멈춘다."(강신주, 2013)라고 말하며 사유를 강조한다. 우리는 데카르트식 사유를 빌려 교육자로서 그동안 내가 해 왔던 일들이 신성으로 참인가를 다시 사유하는 시간을 가져야 한다.

『예루살렘의 아이히만 이야기』를 통해서도 우리가 왜 사유하는 교육자가 되어야 하는지 생각해 볼 수 있다. 나치 전범을 처벌할 수 있는 국제 법정인 뉘른베르크 재판에 유태인 학살의 최고 결정 및 수행자의 한 사람으로 '아이히만'이 기소되어 재판을 받을 때였다. 유태인 출신 철학자 한나 아렌트는 아이히만의 재판을 보고 이렇게 표현했다.

신념보다는 나치 장교로서 역할에 충실하며 진급과 인간관계에 신경 쓰며 기계적으로 일했던 사람일 뿐이었다. 유태인을 감옥에 가두고 학살이라는 관점에서 아이히만에게 그것은 단지 업무였다. 그리고 그의 주어진 직위에서 업무를 효율적으로 해결하기 위해 고민한 것이 그가 저지른 범죄의 전부였다.
한나 아렌트(2006)

그렇다면 아이히만의 죄는 무엇일까? 한나 아렌트는 '악의 평범성'과 '무사유'를 이야기했다. 그중 '무사유'는 신념에 의해 자신에게 주어진 역할을 충실히 했을지라도 타인의 입장에서 생각하지 않은 것은 죄가 될 수 있다는 것이다.

우리도 마찬가지이다. 내가 하는 일에서 타인(동료 교사, 아이들, 학부모 등)의 입장을 생각하지 않고 단지 주어진 위치(직책)에서 어떻게 하면 '업무를 효율적으로 해결할 것인가'만 생각하면서 최선을 다한다면 우리는 또 다른 위치에서 또 다른 타인에게 아이히만과 같은 존재가 될 수도 있다. 그렇기 때문에 교사는 더더욱 사유하는 존재가 되어야 한다. 사유를 통해 살아온 삶을 되돌아보고 오랜 관습처럼 답습해 온 잘못된 관행이나 관습을 고쳐 교육의 본질을 회복하는 학교 혁신을 이루어야 한다. 교사들이 사유하는 존재로 살아갈 때 우리 교육의 희망은 더욱 커지게 된다. 그 안에서 성장하는 우리 학생들은 더욱 행복하게 배우며 성장하리라고 본다.

다음은 영국 웨스트민스터 대성당 지하묘지에 있는 성공회 주교의 묘비 글이다. 많이 알려진 이 글을 다시 읽으면서 교사로서 어떤 삶을 살아가야 하는지 사유해 보는 시간이 되길 소망한다.

내가 젊고 자유로워서 상상력의 한계가 없을 때
나는 세상을 변화시키겠다는 꿈을 가졌다.
그러나 좀 더 나이가 들고 지혜를 얻었을 때
나는 세상이 변하지 않으리란 걸 알았다.

그래서 내 시야를 약간 좁혀 내가 살고 있는 나라를 변화시키겠다
고 결심했다.
그러나 그것 역시 불가능한 일이었다.

황혼의 나이가 되었을 때 나는 마지막 시도로 나와 가장 가까운
내 가족을 변화시키겠다고 마음을 정했다.
그러나 아무도 달라지지 않았다.

이제 죽음을 맞이하기 위해 누운 자리에서
나는 문득 깨닫는다.
만일 내가 자신을 먼저 변화시켰더라면

그것을 보고 내 가족이 변화되었을 것을…

또한 그것이 용기를 얻어내
나라를 더 좋은 곳으로 바꿀 수 있었을 것을…
그리고 누가 아는가? 세상도 변화되었는지…

나. 끊임없이 배우는 존재

교직을 이해하는 기본적인 관점을 크게 성직자와 같이 특별한 소명을 지닌 사람으로 바라보는 성직관, 노동자 또는 근로자로 보는 노동자관, 전문적 지식과 기술을 토대로 정신적 봉사활동을 위주로 하는 직업인으로 국가 사회가 인정하는 엄격한 자격을 소유한 자라야 종사할 수 있다고 보는 전문직관으로 나누어 이야기한다.

관점은 다르지만 교사들에게는 위의 세 가지 관점이 모두 적용된다. 여기서는 전문직관에서 이야기하는 전문직으로서의 교사의 삶을 생각해 보고자 한다. 전문가란 어떤 존재일까? 전문직관으로 볼 때 해당 분야에 전문적 지식과 기술을 가진 사람, 국가 사회가 인정하는 자격을 소유한 사람이다. 그렇다면 교사 자격증을 갖고 교사 임용고시에 합격하는 순간 우리는 국가가 인정하는 자격을 갖고 소정의 절차에 따라 교사로 임용되었기 때문에 전문가가 된다. 스스로도 전문가라고 생각하고 다른 사람들로부터도 전문가로 인정받게 된다. 그렇다면 이후로는 아무런 노력을 하지 않아도 되는 걸까?

진정한 전문가로 살아간다는 것은 무엇일까? 전문적 지식과 기술 그리고 자격증을 소유하는 것에 그치지 않고 자신이 일하는 분야에 평생 관심을 갖고, 끊임없는 애정을 가지고 지속적으로 배우는 존재로 살아가는 것이다. 따라서 교사에게 교육은 평생의 관심 주제여야 하며, 교육에 대해 끊임없는 애정을 가지고 지속적으로 배우는 존재로 살아갈 때 진정한 전문가라고 할 수 있다.

TV 속 달인들의 공통된 특징은 자신이 하는 일에 애정을 갖고 끊임없이 탐구하고 노력하는 삶이다. 대학교수는 전공 분야에 대해 끊임없이 탐구하고 연구하면서 경력이 쌓일수록 그 분야의 지식이 깊어지고 권위자가 되어 간다. 그렇듯이 교실에서 실천적인 삶을 살아가는 우리 교사들 또한 교육과정, 수업, 성장평가, 마을 교육, 프로젝트, 학급 운영, 진로, 인권, 인성, 자치 등 다양한 교육 분야에서 애정을 갖고 끊임없이 실천적 연구를 할 때 더욱 전문성을 신장시키며 교사로서의 자긍심을 갖고 살아갈 수 있다.

표현하기 다소 난감하고 어려운 부분이지만 가끔 오랜 경험으로 다양한 노하우를 가진 선배 교사들이 삶의 지혜에도 불구하고 학교 안에서 움츠러드는 모습을 볼 때 안타까움을 금할 수 없다. 무엇이 그렇게 만들었을까? 그 많은 경험과 시행착오 속에서 배운 지혜를 함께 나눌 수 있는 문화가 필요해 보인다. '구슬이 서 말이라도 꿰어야 보배'라고 하듯이 다양한 실천적 경험들을 묶어 내는 작업이 필요하다. 교사들의 가장 큰 장점은 환경적으로 실천 연구를 할 수 있다는 것이다. 매년 매일 만나는 학생들의 참된 배움과 성장을 위해 고민했던 문제들을 교실에서 직접 실천(적용)해 볼 수 있다. 그 과정을 꼼꼼히 기록하고 분석하고 정리하면 나만의 노하우가 쌓이게 된다. 그 분야에 지속적인 실천 연구가 이루어지면 권위자로 많은 사람들에게 인정받을 수 있다. 허승환 선생님처럼 유명한 선생님들의 삶에 대해 구체적으로 알 수는 없지만 그들의 책을 통해서 지속적인 실천과 탐구 과정을 기록하고 있음을 엿볼수 있다.

이론도 중요하지만 실천하는 삶을 사는 교사들이 몸으로 체득한 지식과 언어에는 힘이 있다. 유창한 언변은 아니어도 공감과 울림이 있다. 전문적인 연구 방법론이 필요한 게 아니라 교사들의 관심 주제에 따라 실천하는 삶의 내용들을 기록하고 정리하고 분석하고 탐구하는 과정이 중요하다.

야누슈 코르착은 『어떻게 아이들을 사랑해야 하는가』에서 천재적인 프랑스 곤충학자인 파브르가 한 마리도 죽이지 않고 곤충들이 나는 모습과 습관에 관한 새로운 관찰을 했듯이, 거의 인지할 수 없는 곤충들의 미세한 움직임 속에서도 막강한 자연의 법칙을 어렵지 않게 추적하였듯이 "교사들이여, 어린이 세계의 파브르가 되시라."고 말했다. 학생들을 존재 자체로 바라보고 그들의 삶과 표정과 배움의 과정에 애정을 갖고 관찰하고 기록하며 탐구하여, 삶에 유용한 배움을 만들어 가는 실천적 연구로 시간이 더해질수록 전문성도 하나씩 더해지길 소망한다.

연구란 자세히 보고, 깊이 보고, 다르게 보는 것 그래서 남들이 보지 못한, 찾지 못한 1%를 찾아내는 것이라고 한다. 전문가로서의 교사는 교직 경력도 중요하겠지만 그보다 누가 얼마나 실천적 연구를 많이 했느냐가 더 크게 좌우하지 않나 싶다.

교사의 전문성은 임용고시 합격으로 만들어지는 것이 아니다. 교육 분야에서 우선 내가 관심과 애정을 갖고 있는 주제에 대해 끊임없이 배우는 존재로 살아갈 때 만들어진다. 혼자만의 실천을 넘어 동료들과의 공동 연구, 공동 실천으로 이어진다면 교사의 전문성은 더 넓어지고 깊어질 것이다. 끊임없이 배우는 존재로 서는 교사, 전문가의 삶을 살아가는 교사들을 응원하고 지지한다.

다. 실천적 삶을 사는 존재

'이제 교육은 그만하고 삶을 살기로 하자.'

최근 혁신교육의 흐름에서 매우 유용하고 긍정적인 문화 가운데 하나가 독서토론 문화이다. 교사들이 학습공동체를 이루고, 집단 지성과 공동 사고와 공동 실천으로 이어지는 데 큰 역할을 하고 있다. 교사들은 독서토론을 통해 같은 책을 함께 읽으며 자연스럽게 공감하고, 책을 매개로 다양한 교육 이야기를 나누며 서로 위로와 힘을 받으며 실천 의지를 다진다. 그런데 여기서 질문이 하나 떠오른다. 책을 읽고, 독서토론을 많이 하는데 그것을 얼마나 삶에서 실천적으로 이어 가는가? 책은 저자의 고민과 삶의 기록이다. 그래서 단순히 텍스트 읽는 것을 넘어서 저자의 고민과 삶을 읽으려고 노력해야 한다. 그리고 자신의 삶으로 연결 짓기 위한 노력이 필요하다. 이에 대해 신영복 선생님은 서삼독(텍스트, 필자, 자기 자신을 읽어야 한다)을 말하였다. 독서토론이라는 좋은 문화가 학교 안과 밖에 만들어지는 것은 매우 바람직하고 지속되어야 한다. 하지만 책을 읽고 함께 나누는 것에 그쳐서는 안 된다. 작은 깨달음 하나라도 실천으로 이어져야 한다. 이에 대해 다음의 말에 절대적으로 공감한다.

> 실천이 없는 이론은 한 발 걸음이다. 앎은 있고 삶이 없다면 외발걸음과 같다. 독서만 많이 하는 것이 외발로 서 있는 것과 같아 한 발자국도 앞으로 나아가지 못한다. 오히려 땅을 벗어나 공중에 떠 있게 된다. 독서는 실천이 아니라 한 발 걸음이다. 목발이 필요하다. 다른 사람의 삶을 배워 가며 살아가는 연습이 필요하다. 처음의 불편함은 시간이 지날수록 익숙함으로 변하고 어느새 내 발처럼 힘이 생기고 생기가 돋는다. 실천하는 삶 속에서 우리는 튼튼하게 서고 건강한 걸음을 내디디며 앞으로 나아갈 수 있다. 신영복(2016)

우리에게 사유와 성찰, 배움(독서) 등이 필요하지만 사유하기만 하고, 배우기만 한다면 외발걸음과 같다. 실천하는 삶이 필요하다. 실천에는 용기와 동료가 필요하다. 변화에 대한 두려움과 주변 환경을 극복하기 위해서는 끊임없는 성찰과 더불어 실천하는 용기, 함께할 수 있는 동료가 필요하다.

우리는 언제나 나보다 똑똑하다. 전북교육청은 이를 위해 학교 단위로 참여하는 연수를 적극 지원하고 있다. 연수 과정에서 좋은 강의를 듣거나 독서토론으로 그치는 것이 아니라 교실과 학교에서 실천하는 삶으로 이어질 수 있도록 학교 단위로 참여하여 동료와 함께 같은 공간에서 같은 이야기를 듣고 나누며 실천 의지와 동력을 만들어 현장 적용도를 높여 가기 위해 힘쓰고 있다. 학교 단위로 참여하는 학교교육과정 세우기

워크숍 연수, 학교로 찾아가는 현장지원 맞춤형 연수, 학교 단위 독서토론 연수 등을 적극 지원하고 있다. 또한 실천 연수(실행 연수)를 기획하여 운영하고 있다. 이는 기존의 강의식 연수와 달리 연수생들이 직접 실천 연수 주제를 정하여 실천하며 탐구해 가는 방식이다. 연수생들이 정해진 시간 동안 탐구 주제와 방법 등을 정하고 실천하면서 기록하고 정리하여 기록물을 생산한다. 이 책을 쓰게 된 밑바탕도 실천 연수였다. 실천 연수의 한 주제로 정해서 탐구하고, 분석하고, 기록하는 과정에서 소중한 이야기가 만들어졌다.

교사들에게는 다른 사람의 다양한 삶의 이야기를 많이 듣는 것도 중요하겠지만 자신의 실천적 삶의 이야기를 하나씩 만들어 가는 것이 더 소중하다. 그 과정 속에서 먼저 고민하고 실천한 사람들의 이야기는 나에게 다른 영감과 위로와 힘을 주듯이 나의 실천적 삶의 이야기도 누군가에게 또 다른 영감과 위로와 힘이 된다.

앨빈 토플러는 "21세기의 문맹자들은 읽고 쓸 수 없는 사람들이 아니라, 어떻게 배우고learn, 배운 것을 고의적으로 잊고unlearn, 다시 배울relearn 수 없는 사람들일 것이다."라고 했다. 학교 속의 문맹자는 글을 읽고 쓸 줄 모르는 학생들만을 의미하지 않는다. 배운 것에 만족하여 머물지 않고 의도적으로 배움 이전의 상태로 돌아가(배움 해제) 다시 배우지 않는다면 교사들도 학교 속에서 21세기의 문맹자로 존재할 수 있음을 자각해야 한다. 그래서 우리는 끊임없이 배우며 한 발 걸음이 아니라 두 발 걸음으로 뚜벅뚜벅 실천적 삶을 사는 존재로 살아가야 할 것이다.

라. 질문하는 존재

질문이 있는 교실, 질문이 있는 수업을 교육정책으로 내거는 교육청들이 많아지고 있다. 배움에서 질문이 중요하다고 판단하기 때문이다. 학교에서 돌아온 아이들에게 우리 부모들은 "오늘 학교에서는 뭘 배웠니?"라고 묻고, 유대인 부모들은 "오늘 학교에서 선생님에게 어떤 질문을 했니?"라고 묻는다는 말을 들었다. 질문의 중요성은 안다. 하지만 우리나라 사람들에게 질문하는 일은 익숙하지 않고 쉽지도 않다. 2장에서 언급되었던 질문과 관련한 기사를 기억할 것이다. 2010년 G20 폐막식에서 당시 미국의 오바마 대통령이 마지막 질문할 기회를 한국 기자들에게 주었다. 그런데 아무도 질문을 하지 않아 중국 기자가 질문을 했다. 웃을 수만은 없는 이야기이다. 평소 비판과 분석, 탐구와 질문을 많이 가지고 있는 기자들조차도 질문이 어려웠나 보다. 사실 우리 교사들은 흔히 볼 수 있는 풍경이다. 교실에서 학생들에게 "질문 있는 사람?" 하면 아무도 손을 들지 않는 때가 많다.

질문은 언제 생기고 어떤 힘이 있을까? 질문은 매우 중요한 배움의 동기가 된다. 질문은 강요해서 생기는 것이 아니라 관심 있을 때 생긴다. 길을 걷다가 풀꽃에 관심이 없는 사람은 그냥 지나치지만 풀꽃에 관심이 있는 사람은 풀꽃의 이름이 무엇일까 질문한다. 그다음엔 풀꽃의 이름을 찾기 시작한다. 이름을 알고 나면 풀꽃의 생김새와 특성을 탐구하게 된다. 그렇게 하여 길을 걷다가 눈에 띈 풀꽃 하나를 알게 된다. 이게 질문이 가진 힘이고 질문의 속성이 아닐까 싶다. 질문은 곧 탐구의 과정이며 배움이다.

학생들뿐만 아니라 교사들에게도 질문이 필요하다. 교사로 살아가면서 현재 나는 어떤 질문을 가지고 있는가? 신규 교사와 경력 교사의 질문이 다를 수 있다. 학년과 학교급에 따라 생각하는 질문이 다를 수 있다. 학교 안에서의 역할에 따라 질문이 다를 수 있다. 하지만 저마다 자기 자신의 질문을 가지는 것은 매우 중요한 일이다. 그 질문이 곧 내가 무엇에 관심을 가지고 어떻게 살아가야 할지를 결정하는 중요한 요소이기 때문이다.

최근에 나는 5년간의 교육전문직 생활을 마치고 학교로 복귀하면서 '어떤 삶을 살까?', '어떤 역할을 해야 하나?' 생각하며 스스로에게 질문을 던졌다.

첫째, 매일 심쿵(기대와 설렘)을 위해 어떻게 할까?
둘째, 우생학(우리들 생애 최고의 학교)을 위해 어떤 역할을 해야 하나?
셋째, 편함보다 보람을 위해 어떻게 살아야 하나?
넷째, 따뜻한 사람이 되기 위해 어떻게 살아야 하나?

이 질문은 곧 내가 살아가는 이유이고, 내가 관심을 갖고 풀어 가야 할 탐구 주제이다. 나는 이 질문을 구성원들과 공유했다. 그리고 그 답을 찾아가기 위해 노력하고 있다. 작은 일에도 최선을 다하면 정성스럽게 하게 되고, 정성스러우면 겉으로 배어 나오고, 밝아지고, 남을 감동시키고, 변하게 된다고 했으니 최선을 다하는 삶을 살아가려고 한다.

자기 질문을 갖고 그 질문을 동료들과 공유하고 답을 찾아가는 과정에서 우리는 배우고 성장한다. 때로는 갈등과 역경도 있을 것이고 실패도 경험할 것이다. 그러나 질문을 가지고 있는 한 그 답을 찾아가는 과정은 계속되고 그 하나하나가 소중한 삶의 이야기가 될 것이다.

앞에서 얘기한 사유하는 존재, 끊임없이 배우는 존재, 실천적 삶을 사는 존재로 살아가게 하는 것이 바로 '질문하는 존재'로서의 교사의 삶이다. 질문이 생기면 그 답을 찾기 위해 사유하게 된다. 그리고 끊임없이 배우며 탐구하게 된다. 그리고 문제를 해결하기 위해 실천하는 삶을 살아가게 된다. 지금 교사로서 어떤 것에 관심을 두고 어떤 질문을 가지고 있는가? 지금 질문을 생각해 보자. 질문을 가슴에 담아 보자. 그리고 끊임없이 그 질문에 대한 답을 찾아 나서자.

마. 편함보다 보람된 삶을 사는 존재

교사들 대부분이 공감하는 2월의 풍경이 있다. 학년말이 되면 아픈 교사들이 많아진다. 자녀 출산을 준비하는 교사들도 유독 많아진다. 정말 배려가 필요한 교사들도 있지만, 새로운 학년도를 맞아 학년과 담임, 행정업무 담당을 결정하는 과정에서 조금 더 편한 학년, 쉬운 행정업무를 맡기 위해서다.

인사이동 시기에도 비슷하다. 학교를 옮길 때 판단 기준이 저마다 조금씩 다르겠지만 공통점은 편한 학교를 선택하는 것이다. 혁신학교에 자녀를 보내면서 나는 혁신학교에 근무하고 싶지 않다고 말하는 교사들을 종종 본다. 누군가의 열정으로 내 자녀가 좋은 교육 환경에서 자라는 것은 바라지만 나는 그런 열정을 쏟을 자신이 없거나 두렵다는 뜻이다.

여러 가지 교육 환경도 뒷받침되어야 하지만 교사가 마음먹기에 따라 교육은 상당히 달라질 수 있는 여지가 있다. 편함을 추구하느냐, 보람을 추구하느냐에 따라 교육의 내용이 달라진다.

개인의 편함과 손익을 계산하며 효율성을 따지는 이익사회로서의 학교공동체가 아니라 각자가 공동체에 기여하는 공동사회로서의 학교공동체를 추구해야 한다.

끊임없이 배우며 수업을 연구하는 교사들에게는 늘 시간이 부족하다. 매주 수요일은 배움과 성장의 날이다. 수업을 마친 후 동료들과 함께 학습공동체를 이루는 시간을 소중히 여기는 교사가 있는 반면, 수업도 일찍 끝나고 출장도 없으니 조퇴하기 좋은 날로 여기는 교사들도 있다.

지금 당장보다 훌륭하게 성장하여 이 사회의 당당한 일원이 될 제자들이 있기에 보람된 삶을 살아갈 수 있다. 누구나 편한 것을 좋아한다. 그러나 교사는 보람을 먹고 사는 존재이다. 교사가 보람된 삶을 추구하며 살아가는 존재일 때 우리 교육은 더욱 희망 가득해진다.

3. 학교, 가슴 뭉클한 공간으로

살아가면서 가슴 찡하고 뭉클했던 순간은 언제인가? 혹시 어떤 공간을 떠올리면서 뭉클한 감정이 들 때가 있나? 도대체 그 공간에서 누구와 어떤 일들이 있었던 걸까? 학교라는 공간을 떠올려 본다. 교육공동체에게 학교는 어떤 공간일까? 어떤 이미지가 떠오르며 어떻게 기억될까? 보람되고 따뜻한 공간, 즐겁게 배우고 모두가 행복한 공간으로 추억하는 사람도 있을 것이고, 생각하고 싶지 않은 불편한 공간, 상처의 공간인 사람도 있을 것이다. 실제 경험한 학교의 모습은 다르지만 학교가 모두에게 편안하고 행복한 공간으로 배움과 성장, 소통과 협력으로 교육공동체가 회복되는 공간이기를 바라는 마음은 같다. 이제 학교가 어떤 공간이어야 할까를 다양한 관점에서 깊이 사유해 보자.

가. 말랑말랑 상상력이 커지는 공간

학교 하면 나란히 놓인 책상과 의자, 전시대가 놓인 현관, 깍두기 시간표, 교과서 중심의 수업, 전달식 회의, 공문서, 교문 앞 학생지도 등이 생각난다. 이러한 것들을 학교 문법이라고 표현하기도 한다. 고정된 프레임과 틀로 쉽게 변하지 않기 때문일 것이다. 학교 혁신의 흐름에서 학교 문법을 깨트리고 새로운 상상력을 더하여 탈바꿈하는 학교들의 이야기가 또 다른 상상력을 키우게 해 준다. 블록 단위 수업, 중간 놀이, 교과서를 벗어난 통합과 융합의 다양한 프로젝트 수업, 교육과정 재구성을 넘어 교육과정 개발, 마을교육과정, 학생 다모임, 따뜻한 아침맞이, 학부모 주관 교육 활동, 교육협동조합 설립 등 다양한 실천 사례가 만들어지고 주변 학교로 퍼져 나가고 있다. 교육 활동뿐만 아니라 공간과 시설에서도 다양한 상상력이 더해져 새로운 공간으로 거듭나고 있다. 관리실 중심이 아니라 학생 중심의 건축이 이루어지고 있다. 교실에서 운동장으로 통하는 문과 테라스가 있는 교실, 다락이 있는 교실, 중앙 현관에 온돌을 깔아 학생들의 놀이터가 된 학교, 학교 안에 만들어진 카페, 교실 뒷면 환경판을 디자인하여 학기 초 환경정리가 필요 없는 교실 등은 그 동안 우리가 보았던 학교와는 다른 공간이다. 이처럼 기존의 학교 공간의 틀을 벗어나 새로운 상상력이 더해지고 있다.

학교 혁신을 이루면서 학교교육과정에 의미 있는 다양한 변화가 생겨났다. 그런데 혁신학교의 전임자들이 몇 년 전에 고민해서 만들어 놓은 교육과정이나 프로그램들이 '왜'라는 질문 없이 그대로 계속되고 있는 경우가 많다. 물론 좋은 교육과정과 프로그램은 이어져야 한다. 그런데 왜 그러한 교육과정이 만들어졌으며, 그것은 어떤 의미와 가치를 담고 있는지에 대한 고민 없이 형식만 남은 프로그램을 실천하면서 힘들어하는 경우도 종종 있다. 의미와 가치는 지키되 교육과정과 프로그램의 형식이나 내용은 현재 근무하는 구성원들이 협의를 통해 유연하게 바꾸어 갈 수 있어야 한다. 혁신으로 만들어진 교육과정과 프로그램이라 할지라도 아무런 고민 없이 형식만 남아 오랜 시간 지속되면 화석화될 수 있다. 이런 학교문화를 깨트리기 위해서 우리에게는 말랑말랑한 사고가 필요하다. 소중한 가치와 철학은 지켜 나가되 불필요한 형식은 과감하게 벗어던지고 새로운 상상력을 더해 그 내용을 채워 가야 한다. 학교라는 공간은 모두가 꿈꾸는 공간, 꿈을 나누는 공간, 꿈을 이루어 가는 공간이어야 한다. 그러므로 화석처럼 굳어진 학교문화를 과감하게 깨트리고 말랑말랑한 상상력이 커지는 공간으로 만들어야 한다.

나. 교실 민주주의로 꽃피우는 공간

수직적인 학교문화와 관료주의가 심한 학교에서는 경직된 사고와 획일적이고 일방적인 의사 전달이 주를 이룬다. 그러한 환경 속에서 구성원들이 다양한 의견을 나누고 협의하는 것은 생각하기 어려운 일이다. 그러나 학교 혁신을 통해 경직되고 수직적인 학교문화가 서서히 민주적인 학교문화로 바뀌어 가고 있다. 혁신교육의 가장 큰 성과 중 하나로 민주적인 학교문화를 꼽는 이들이 많다. 교사들이 의견을 제시하고, 그 의견이 존중받으면서 학교에서 주인으로 서게 되었다. 주인의식이 커지면서 교사들의 학교교육에 대한 관심이 커지고 자발적인 노력이 더해지면서 학교교육의 질이 향상되었다. 혁신학교를 시작하는 교사들에게 가장 의미 있었던 것 한 가지를 물으면 한결같이 민주적인 학교문화를 꼽았다. 민주적인 학교문화는 학교를 일상적으로 존중받는 공간으로 만들었다. 학교교육의 변화와 혁신을 꿈꾼다면 가장 먼저 민주적인 학교문화를 만들어야 할 것이다. 그 안에서 존중과 협력이 살아나고 자발성이 피어난다.

민주적 학교문화 속에서 비로소 교사들이 학교의 주인으로 살아가는 경험을 하게 되었다면, 이제는 교실 민주주의로 학생들이 교실의 주인으로 살아가는 경험을 해야 할 차례이다. 교사들이 교실 속 실천을 넘어 학교공동체의 실천으로 배움과 성장의 장을 확대했다면, 이제 다시 교실을 들여다보아야 한다. 교실 민주주의로 꽃피우는 학교를 만들어 가야 한다. 교실이 일상적으로 따뜻하게 존중받고 자유롭게 꿈꾸며 협력으로 배우는 공간이 되도록 해야 한다. 그런데 우리의 교실은 어떤 모습인가? 아직도 교실 앞문에 부착된 '앞문 학생 출입금지'는 교실의 주인이 학생이 아님을 말하고 있다. 교실 속 생활규칙의 대부분은 교사가 일방적으로 결정해서 전달하기 일쑤이다. 이제는 교실 속 수업-생활협약 등을 통해서 학생들을 교실의 주인으로 세우고 학생들이 주인이 되는 교실 공간을 만들어 가야 한다.

파커 파머는 『가르칠 수 있는 용기』에서 가르침의 공간은 "① 제한적이면서 개방적이어야 한다. ② 다정하면서도 긴장되어야 한다. ③ 개인과 집단의 목소리를 동시에 수용해야 한다. ④ 학생의 '작은' 얘기와 강제와 전통의 '큰' 얘기를 동시에 존중해야 한다. ⑤ 고독을 지지하면서 동시에 일체감을 부여해야 한다. ⑥ 침묵과 언어를 동시에 환영해야 한다."라고 했다. 교실은 이렇듯 학생들이 배움의 주인으로서 존중받고 환영받는 공간이어야 한다.

독일의 GPJE(청소년 정치교육과 성인교육을 위한 학회)는 민주시민교육을 위한 핵심역량으로 ① 민주시민으로서의 판단 능력, ② 민주시민으로서의 행동 능력, ③ 방법론적 활용 능력을 제시한다. 그렇다면 우리 학생들이 민주시민으로 살아가기 위해선 어떤 교육을 해야 할까? 교실 속에서 일상적으로 민주시민으로서 판단하고 행동하고 활용하는 능력을 신장시키는 민주시민교육이 이루어져야 한다.

권력에 굴종하는 노예근성은 다시 굴종을 강요하는 폭력성으로 나타난다…. 민주공화국을 선포하고, 선거를 치르고, 법치를 외친다 해도, 그건 허울뿐이다. 권위주의와 노예근성에 의해 굴러가는 사회는 '노예민주주의'에 불과하다.   2016년 10월 31일 『한겨레』

민주시민을 기른다는 목표를 세우고 민주주의를 가르치고 민주시민교육을 하지만, 일상적으로 생활하는 교실에서 학생이 주인이 되지 않고 교사의 권위에 의해 모든 것이 판단되고 결정된다면 학생들은 결국 노예 민주주의를 배울지도 모른다. 민주적인 학교문화는 교실 민주주의에서 시작되고, 교실 민주주의로 완성된다. 교실 민주주의로 혁신교육은 더욱 깊어지고 꽃을 피울 것이다.

다. 고유한 교육기관으로 존중받는 공간

마을(택지)이 조성되고 그 마을에 사는 아이들을 위해 학교가 생겨났다. 이는 학교가 본디 교육청을 위해 존재하는 기관이 아니라 학생들의 교육을 위해 존재하는 교육기관임을 의미한다. 그런데 오늘날 학교는 어떤 모습인가? 각종 공문과 지침에 따라 처리하는 행정 업무, 홍보, 전달, 요구자료 제출, 각종 대회 및 행사 참여 등 수많은 행정업무와 파생되는 잡무들로 가득하다. 교육과정을 중심에 놓고 이를 효율적으로 운영하기 위한 업무 분장이 아니라 교육청에서 요구하는 각종 행정업무를 효율적으로 처리하기 위한 업무 분장을 하고 있다. 그러다 보니 정작 중요한 수업, 교육과정 운영, 학생 생활지도와 같은 중요한 업무는 업무 분장표에 명시되어 있지도 않다. 당연하기 때문에 그럴 수도 있겠지만 학교의 업무 분장이 행정 중심으로 이루어지고 있기 때문이라는 생각을 지울 수 없다. 학교는 행정업무 중심이 아니라 학생 중심, 교육과정 중심의 학교로 재구조화되어야 한다.

2017년 3월 10일, 헌법재판소에서 헌법 수호의 관점에서 중대한 법위법행위로 보아야 한다며 피청구인 박근혜 대통령의 파면 결정을 내렸다. 국가의 질서를 유지하고, 국민이 주인인 대한민국을 위해서 내린 중대 결정이었다. 그렇다면 학교(공교육) 수호의 관점에서 현재의 교육부-시·도 교육청-교육지원청-학교로 전달되는 교육정책들 중에서 학교의 질서를 유지하고 교사, 학생, 학부모가 학교교육의 주인이 되는 데 방해되는 중대한 법위법행위는 무엇이 있을까? 불필요한 업무, 관료주의, 수많은 지침과 규정 등이야말로 파면되어야 하지 않을까.

학교는 교육기관으로 존중받아야 한다. 일상적으로 수업과 생활지도에 전념할 수 있는 교육과정 중심의 학교가 되어야 한다. 교육청은 교육정책을 통해 학교공동체가 꿈꾸는 교육을 할 수 있도록 도와야 한다.

학교가 자율권을 가지고 맘껏 상상하고 실천할 수 있도록 지원해야 한다. 때론 비빌 언덕이 되어 주어야 한다. 그러나 실상은 어떠한가? 교육청의 수많은 지침과 규정으로 학교는 관리, 통제의 대상이 된 지 오래이고, 어쩌면 잠재적 위법자 신세가 되어 버린 것인지도 모르겠다. 그 많은 지침과 규정을 어떻게 완벽하게 실천할 수 있는지 의문이 든다. 교육청의 업무 담당자는 자신의 업무를 잘하기 위해서 멋진 계획서를 작성하고 그 안에 꼭 지켜야 할 규정과 의무 교육 시간과 위원회를 두도록 했을 것이다. 하지만 그 모든 것을 실행해야 하는 학교는 수십, 수백 가지의 계획서와 규정과 의무 교육 시간을 준수해야 하고 위원회를 구성하여 운영해야 한다. 그리고 학교에서 문제가 발생하면 교육청은 그 지침과 규정을 따지게 된다.

이제 학교를 감사, 관리, 통제의 대상으로 만드는 잘못된 관행을 바꾸어야 한다. 학교의 기본적인 책무는 학교에 맡겨 두면 된다. 안전, 인성, 학력의 문제 등은 교육청이 굳이 말하지 않아도 학교가 자발적으로 해야 하는 일이다. 책무성을 가지고 노력해야 하는 일이다. 그런데 그러한 것까지 세밀하게 지시하다 보니 교육청에 사람이 많이 필요하게 되고, 학교는 그것을 해석하여 구색을 맞추느라 늘 바쁘다. 학교가 고유한 교육기관이 되려면 새로운 판이 필요하다.

초등 성장평가제처럼 교사들에게 수업권과 평가권을 보장해 주는 정책, 교원동아리 확대 지원 또는 배움과 성장의 날 운영, 사업 중심이 아니라 교육과정 중심의 새로운 전북형 컨설팅(학교 간 연대 컨설팅, 찾아가는 질문 컨설팅 등)처럼 함께 모여서 떠들고 꿈꿀 수 있는 시간과 공간을 만들어 주는 정책이 더욱 많아져야 한다. 학교의 자율성과 상상력이 커지게 하고 교육청이 관리, 지시, 통제하지 않아도 학교 스스로 질문을 갖고 답을 찾으며 학교의 자생력을 높여 나가도록 판을 깔아 주는 정책을 펼쳐야 한다. 새판 짜기로 교육과정이 중심이 되는 학교, 고유한 교육 기관으로 다시 서는 학교를 만들어야 한다.

라. 아이들에게 먼저 묻는 공간

사람들은 대개 어디를 바라볼까? 조직에서 대부분의 사람들은 위를 바라보게 된다. 윗사람, 상사가 어떤 말을 하고 어떤 평가를 하는지에 관심을 갖는다. 학교는 어디를 바라보고 있을까? 교육청이다. 교육청에서 내려오는 공문, 교육청의 평가에 신경을 많이 쓴다. 교사는 대개 어디를 바라볼까? 교장, 교감이다. 교장, 교감의 말과 평가에 신경을 쓴다. 이렇듯 우리들의 모든 교육에 대한 성과와 평가는 대개의 경우 교육청이나 컨설턴트라고 하는 전문가에게 묻는다. 그런데 정작 교육의 대상인 학생들에게는 진지하게 물어보지 않는다. 교육청의 평가도 중요하지만 더 중요한 것은 학생들이 어떻게 배우며 성장하는가이다. 그래서 학생들에게 먼저 물어야 한다. 배움이 즐겁니? 배움이 행복하니? 네가 성장하는 데 도움이 되고 있니? 어려운 점은 무엇이며, 어떤 도움이 필요하니? 그동안 우리가 컨설팅을 받고 평가를 받았던 모든 질문들에 대해 학생들은 어떻게 생각하는지 먼저 물어보아야 한다. 예를 들어 교사들이 수업 컨설팅을 하면 동료 교사나 컨설턴트들에게 수업을 보여 주며 학생들의 배움을 중심으로 수업 대화를 나눈다. 수업 대화를 통해 학생의 배움을 이해하며 교사의 수업을 성찰하게 된다. 이 과정에서 우리는 수업 컨설턴트의 말에 귀를 기울인다. 물론 그들의 말을 통해 미처 보지 못하고 깨닫지 못한 것들을 알게 되면서 수업 전문성 신장에 도움을 받는다. 그런데 교사의 수업이 어떤지 학급의 학생들에게 진지하게 물어본 적은 있는지 궁금하다. 내 수업을 학생들은 어떻게 바라보고 있는지, 학생들이 잘 배우고 있는지, 어떤 어려움이 있는지, 원하는 것들은 무엇인지 등을 학생들에게 먼저 물어보자. 그러면 교실을 더 의미 있는 배움의 공간으로 만들 수 있을 것이다.

전북교육청은 학생 배움 중심, 교육과정 중심으로 학교공동체가 스스로 문제를 풀어 가는 컨설팅 문화를 만들고 있다. 컨설팅 방법으로는 학생 배움 중심 컨설팅, 학교 간 연대 컨설팅, 찾아가는 질문 컨설팅, 공감·경청 컨설팅, 교육과정 중심의 통합 컨설팅 등이 있다. 학교의 필요에 따라 다양하게 적용하고 있다.

새로운 컨설팅은 관행적으로 적용해 온 기존의 컨설팅과 다음과 같은 점에서 구분된다.

첫째, 컨설팅을 교육청 중심이 아니라 학교 중심으로 실시하도록 하고 있다.

둘째, 컨설팅을 관리와 점검 방식에서 자율과 자생을 높이는 방식으로 진행하고 있다.

셋째, 사업 중심의 컨설팅에서 학생 배움과 교육과정 중심으로 이루어지고 있다.

넷째, 수동적이며 타율적인 자세로 임하던 컨설팅에서 능동적이며 자발적으로 참여하는 컨설팅으로 전환되고 있다.

다섯째, 문제 해결의 주체가 교육청과 컨설턴트에서 학생과 학교공동
체로 바뀌어 가고 있다.

우리들의 노력은 아이들의 삶에 의미 있게 닿아야 한다. 아홉 우물을
파도 물길에 도달하지 않으면 소용없듯이 우리들의 교육 활동도 학생들
의 삶에 의미 있게 도달하지 않으면 소용없다. 교육청의 평가를 잘 받는
것보다 학생들의 평가를 잘 받는 것이 더 중요하다. 학교는 교육청을 위
해서 존재하며 일하는 공간이 아니라 학생들을 위해서 존재하며 일하
는 공간이다. 그러기에 우리들의 모든 의도된 교육 활동에 대한 평가를
이제 학생들에게 먼저 물어보아야 한다.

교육청의 역할도 여기에 맞춰 변화해야 한다. 학교가 교육청의 평가만
바라보며 형식적인 교육을 하지 않도록 학교에 자율권을 확대해 갈 수
있도록 고민해야 한다. 앞에서 이야기했듯이 수많은 지침과 규정으로
학교를 평가의 대상으로 삼지 말고 학교가 꿈꾸는 대로 교육할 수 있도
록 장을 확대해 주는 정책을 펼쳐야 한다. 학교가 학생들에게 먼저 묻고
그 안에서 스스로 질문을 갖고 해법을 찾아갈 수 있도록 지원해야 한
다. 학교의 자생력을 높이는 정책이 필요하다.

학교 혁신의 길을 아이들에게 먼저 물어보았듯이 혁신교육을 위한 우
리들의 노력에 대해서도 아이들에게 먼저 물어보아야 한다. 그 물음에
서 답을 찾아야 한다.

내가 근무했던 학교를 떠올릴 때, 그 학교의 이름을 부르고 같이 교

육 활동을 고민하고 실천했던 선생님들을 생각할 때, 가슴이 뜨거워지고 눈시울이 젖어 본 경험이 있는지 물어본다. 같은 시간 같은 공간에서 근무했을지라도 느끼고 생각하는 것은 조금씩 다르겠지만, 적어도 학교를 떠올릴 때 가슴 뭉클한 추억 하나쯤은 있어야 하지 않을까!

혼자만의 노력이 아니라 구성원들과 치열하게 토론하고 협의했던 학교, 서로의 꿈을 나누며 그 꿈을 이루어 갔던 학교, 교사가 학교의 주인으로 서며 진정한 공동체를 이루어 갔던 학교, 교육을 주제로 진지하게 대화하며 교육에 다시 눈을 뜨게 한 학교, 교사로서 성장하는 경험을 하게 한 학교…. 이러한 학교를 만들어 가는 시간들 속에서 가슴 뭉클한 학교의 추억이 쌓인다. 그래서 학교가 소통, 배움, 창조, 성장의 공간, 꿈꾸는 공간, 꿈을 이루는 공간이 된다. 모두가 삶의 주인으로 살아 보는 경험을 하는 공간, 작은 사회로서 민주주의를 살아보는 공간이 된다.

나도 가슴 뭉클한 학교의 추억 하나쯤은 간직해야 하지 않을까. 혼자가 아니라 교육공동체와 함께!

맺는말

지금 살고 있는 이 시간이 어떤 의미인지 잘 모를 때가 종종 있다. 그냥 좋을 수도 있고, 힘들다고 느낄 수도 있다. 세월이 지난 후에야 그때를 돌아보며 행복했던 순간으로 회상하기도 하고, 다시는 생각하고 싶지 않은 시절이라고 냉정하게 말하기도 한다. 학생들은 혁신학교가 그냥 좋아서 뛰어놀았고, 이제 훌쩍 자란 모습으로 다시 한 번 그때를 회상한다. 그들에게 있어서 "혁신학교는 인생의 터닝 포인트였으며 가장 좋았던 시작이었다."

많은 사람들이 혁신학교의 성적이나 학력을 우려하지만, 학생들은 진짜 공부를 했다고 한다. 혁신학교를 주창하고 시작했던 시기를 돌아보면 그때나 지금이나 초중고 입시교육과 경쟁 중심 교육의 폐해는 크다. 학교는 즐거운 곳이어야 하는데 학생들은 입시 위주의 교육으로 수동적이고 주눅 들어 있다. 이러한 모습은 교육청과 학교가 협력하여 학교 혁신운동을 통해 학교문화와 시스템을 바꾸어 나감으로써 점차 완화되고 있다.

먼저 학력에 대한 패러다임이 바뀌고 있는 이때, 학교에서는 학교교육과정을 학력과 인성이 함께 성장하는 다양한 활동으로 채워 나가야 한다. 학생들이 자신감을 회복하고 스스로 살아갈 수 있는 힘을 길러 주는 진짜 공부, 진짜 배움의 장을 만들어야 한다.

혁신학교에서 학생들은 교사가 제공하고 때로는 스스로 만들어 가는 활동을 통해 친구들, 교사들과 관계를 맺고 있었다. 친구들과의 협력이 포함되는 교육 활동은 복잡하고 때로는 갈등을 유발하기도 했지만 그 과정 속에서 학생들은 관계라는 소중한 가치를 배워 나갔다. 학생의 눈높이에서 교사가 먼저 학생들과 따뜻한 관계를 맺고, 학생을 존중할 때 학생들은 그런 분위기에서 친구들과의 관계를 맺어 간다. 따라서 교사 수준에서는 민주적 자치 공동체를 실현하기 위해 학생을 존중하고 학교 문화를 더욱 민주적으로 바꾸기 위한 노력이 필요하며, 학생 수준에서는 학생 활동에 지속적으로 협력적 배움이 일어나는 다양한 활동을 제공해야 한다.

학생 스스로 진짜 공부를 하고 친구들과의 관계를 형성해 가면서 학교가 점차 아름다운 공동체가 되어 갔다. 공동체가 살아나는 교실로 인해 학생들의 자치활동이 활성화되었다. 학생들은 공동체 안에서 스스로 결정하고 행동하고 책임을 지면서 성장했다. 교사가 시키지 않아도 서로 돕고, 과거의 자신의 모습을 돌아보며 반성하고, 갈등상태의 공동체를 따뜻한 협력적 공동체로 만들어 갔다. 앞으로 혁신학교뿐 아니라 모든 학교에서 학급공동체가 살아나고 학교공동체, 나아가 마을공동체가 살아날 수 있도록 정책적, 제도적 뒷받침이 있어야 한다. 이를 위해 교육 주체들의 끊임없는 노력이 필요하다.

몇몇 사람들의 전유물처럼 여겨지던 혁신이라는 말이 이제는 학교 현장에서 보편화되어 가고 있다. 새로운 정부의 국정 과제에도 등장할 정도가 되었다. 그러나 이러한 때일수록 처음을 생각하고 아이들의 말에 귀 기울여야 한다. 이를 통해 순항 중인 학교혁신호의 방향타에 미세 조정을 가해야 할 때이다.

지속적으로 혁신학교의 초·중·고 연계를 강화하고 학교 혁신을 촉진해야 한다. 혁신학교에서 주체적으로 활동하던 학생들은 일반 학교인 상급 학교에 진학하면서 다소 어려움을 겪는다. 이들에게 '인생의 터닝 포인트'가 되었던 배움이 단절되지 않고 계속해서 이어질 수 있도록 하려면 초·중·고 혁신학교 벨트가 필요하다. 또한 이들이 어떤 학교에 진학하더라도 그곳에서 자율적인 배움과 성장이 촉진되도록 하려면 '혁신학교를 넘어 학교 혁신으로'라는 슬로건처럼 모든 학교가 더욱더 혁신해야 한다.

둘째, 학생이 배움의 주체가 되는 다양한 교육 활동이 강화되어야 한다. 사례 속의 학생들이 언급한 자신의 삶에 의미 있었던 혁신학교의 경험은 많은 비용이 들어가거나 화려한 내용이라기보다는 교실 안팎에서 친구들과 함께 몸으로 공부한 체험활동, 자치활동, 교사가 교육 활동의 주도성을 학생에게 돌려준 토론학습, 협력학습이었다. 학생들은 의미 있는 활동을 스스로 찾아서 할 때 더욱 깊이 체득했다. 따라서 학교에서는 학교교육과정을 가득 메우고 있는 각종 교육 활동들이 얼마나 학생들의 자발성을 이끌어 낼 수 있는지 돌아보고, 교사들은 이러한 활동을 이끌 때 학생들에게 더 많은 주도권을 주어야 한다.

셋째, 학교 안팎의 교육공동체, 마을교육공동체가 활성화될 수 있도록 행·재정적 지원을 아끼지 않아야 한다. 혁신학교에서 학생들은 스스로 공부하고 협력하여 관계를 형성하고 학교를 교육공동체로 만들어 가고 있다. 이처럼 학교라는 공간이 교사, 학생, 학부모 등 모든 교육 주체들이 협력적으로 함께 배우고 실천하며 배움의 기쁨을 맛볼 수 있는 교육공동체가 되도록 정책적인 뒷받침을 지속적으로 해 주어야 한다. 한편 학교를 둘러싼 마을은 예전에 갖고 있던 교육공동체의 기능을 잃거나, 학교와의 연결고리가 약화되어 있는 상태이다. 따라서 학생들의 배움터인 학교가 마을과 유리된 섬으로 존재하지 않고 마을과 유기적으로 연계하여 학생들에게 배움의 기회를 제공하도록 하려면 마을교육공동체 회복에 적극적인 지원을 해야 한다.

마지막으로 혁신학교와 학교 혁신이 옳다는 신념으로 기다려 주는 정책이 필요하다. 교단에서 직접 학생들을 대하는 교사들이 직관적으로 알고, 그 속에서 배우는 학생들이 경험을 통해 인정하는 것처럼 혁신학교는 인생의 터닝 포인트였고, 혁신학교는 옳았다. 혁신교육이 일부 회의론자들에 의한 일방적인 비판에 휘둘려 양적 성과주의에 매몰되거나 이로 인해 조급하게 성과를 내려고 시도한다면 의도치 않은 부정적인 결과를 초래할 수도 있다. 교육 현장이 이러한 비판에 쉽게 흔들리지 않도록 학교행정가인 교장, 교감이나 교육행정가인 교육 관료들은 교단에서 헌신하는 교사들과 이제 막 주체적인 배움의 길을 찾아가는 학생들의 질적 변화와 성장을 믿고, 기다려 주고, 지원해 주어야 할 것이다.

다시 학교 혁신을 생각하며

지금 행복한 학교를 만들기 위하여

양은희_회현중 교사

우리는 너무나 쉽게 아이들에게 미래의 행복을 위해 현재의 행복을 유보하라고 얘기해 오지는 않았나요? 그러나 아이들에게는 소중한 미래만큼이나 현재의 삶도, 과거의 추억도 모두 소중합니다. 특히 2014년 4월 처참하기 짝이 없던 세월호 참사는 미래를 내다보되 미래에 살지 말고 현재에 튼튼히 발붙여 살라고 우리에게 가르쳐 주었다고 생각합니다.

우리 학생들에게 있어 현재의 삶이 이루어지는 공간은 학교입니다. 대다수의 시간을 학교에서 보내고 있으며 나의 존재만큼이나 소중한 존재인 친구들 대부분을 만나는 공간이 학교입니다. 아울러 미래 사회를 살아가기 위해 필요한 힘을 키우는 곳 또한 학교입니다. 현재의 삶이 이루어지는 중요한 공간이 학교이기에 학생들에게는 미래만큼이나 현재도, 과거도 중요하며, 그래서 현재의 행복을 위해 행복한 학교를 생각할 수밖에 없습니다. 학교라는 공간에서 학생들도, 교사도 행복할 권리가 있고, 학교라는 공간에서 행복을 만들어 가야 할 의무가 있습니다.

학생들에게는 미래 사회를 살아가기 위해 필요한 역량을 키워 공동체에 기여하는 보람된 삶을 살아가고자 하는, 배우려는 의지가 있어야 하기에 배움을 주는 학교를 만들어야 합니다. 나의 삶을 성장시키는 배움, 미래 사회를 살아가는 데 힘이 되는 배움, 모두가 함께 잘 사는 따뜻한 세상을 열어 가는 배움, 민주시민으로서 스스로 생각하고 판단하고 실천하는 데 도움을 주는 배움. 우리가 원하는 배움은 이런 배움이며 학교가 이런 배움을 추구하고 구현할 때 학생들도, 교사도 진지한 행복을, 교육적 희열을 맛볼 수 있을 것입니다.

혁신학교에 대한 다양한 이야기들이 있습니다. 왜 그렇게 힘들게 사느냐는 이야기에서부터 제도 내에서의 변화만 추구하는 혁신학교는 답이 아니라는 이야기까지… 혁신학교는 답이 아닙니다. 완성된 형태는 더욱더 아닙니다. 다만 우리가 살아가는 세상이 좀 더 인간적인 세상이 되길 바라면서, 그런 세상을 만드는 데 기여하는 교육을 고민하는 학교입니다. 제도가 바뀌기 전에는 아무것도 바뀔 수 없다고 포기하고 마는 것이 아니라 부족한 제도 안에서 최선의 선택지를 찾아 실천해 보기 위해 노력하는 학교입니다. 그래서 혁신학교는 답이 아니면서 답입니다. 걸어가야 할 길입니다.

우리들은 우리의 현재를 대변하는 학교가 좀 더 행복한 공간, 참 배움이 가득한 공간이 되기를 염원합니다. 누구나 마음껏 표현하고, 마음껏 사고하고, 정성껏 경청하는 성장의 공간이 되기를 염원합니다. 이런 학교를 만들기 위한 노력에 부족함은 있을지언정, 되돌림은 없어야 한다고 생각합니다.

혁신학교, 행복한 학교를 만들고 그래서 스스로 행복해지는 그 길에 더 많은 교사, 학생, 학부모가 함께 하기를 기대해 봅니다.

저마다 다른 빛깔로

윤일호_진안장승초 교사(현 진안초 교사)

아이들에게 가끔 꿈을 묻습니다. 그러면 아이들이 대답을 합니다.

"그냥 돈 많이 버는 거요."

그래서 제가 다시 묻습니다.

"그래? 돈 많이 벌어서 뭐 할 건데?"

"일 안 하고 편하게 살아야죠."

돈 많이 벌어서 일 안 하고 편하게 사는 것이 아이들이 꾸어야 할 꿈인지는 잘 모르겠지만 아쉬움은 있습니다. 무언가 아이가 하고 싶은 것이 있어서 그 꿈을 꿀 수 있도록 돕는 세상이면 어떨까 하는 아쉬움 말입니다.

장승학교에 많은 선생님과 학부모님들이 학교를 방문합니다. 학교 안내를 하고 묻고 답하기를 하는데 가장 많은 질문이 있습니다.

"장승초 졸업하면 중학교에 가서 잘 적응하나요?"

'적응'이라는 말을 어떻게 해석해야 할까요? 우선 질문하는 분들 마음에 다가가 생각해 보고 다시 질문을 재구성해 보았습니다.

"장승초에서 경쟁하지 않고, 열심히 놀았을 텐데 졸업을 하고 중학교에 가면 공부도 잘하고 친구 관계도 원만하게 잘 지내고 있나요?"

'적응'이라는 말속에 '공부'는 잘하고 있는지, 전혀 다른 집단에 들어가 새로운 친구들과 '관계'는 잘하고 있는지 묻고 싶은 것이겠지요. 물론 제가 해답을 찾아 줄 수는 없습니다. 다만 아이들은 저마다 다 다른 꽃이라는 겁니다. 그 꽃들은 다 다르기 때문에 그 아이에 맞게 관심을 두고 가꾸기도 하고, 믿어 주기도 하며, 때론 관리가 필요하기도 하겠지요. 아이마다의 다름을 잘 알아야 한다는 것입니다.

나는 장승초에서 지냈던 생활이 아이들이 세상을 살아가는 데 분명히 힘이 된다고 믿습니다. 다만 장승초를 졸업한 것이 만병통치약처럼 아주 짧은 기간에 특별한 효과를 발휘하는 것은 아니라고 생각합니다. 아이는 저마다 다르기 때문에 그렇습니다.

2015년에 나와 만났던 현중이도 그렇습니다. 편하게 다닐 수 있는 집 앞의 학교를 놔두고 장승초에 다니기 위해 한 시간 가까이 하루에 두 번씩 자전거를 타고, 또 하루 두 번씩 40분 가까이 버스를 타고 다닐 수 있는 마음이 어디서 나왔는지 신기했습니다. 현중이는 세상을 살아갈 힘이 있는 아이였습니다. 우리들이 흔히 말하는 공부는 잘 못하지만 야무지고, 단단한 아이였습니다.

현중이 꿈은 목수입니다. 물어보는 사람들에게 늘 "전 목수 될래요." 하고 말했습니다. 특히 금요일마다 하는 목공 시간을 제일 좋아했습니다. 손에 장갑을 끼고 나무 다루는 것을 보면 제법 폼이 납니다. 손재주도 좋은 편이어서 목공 시간에 만든 책꽂이나 필통, 생활 도구를 잘 만들기도 했습니다. 목공 선생님 말을 들어 보니 소질이 보여서 충분히 잘할 것이라고 했습니다.

6월이 되고 날이 점점 더워지던 어느 날, 운동장에서 신나게 놀던 아이들도 더운지 나무 그늘을 찾았습니다. 그런데 나무 그늘에 앉을 의자가 없었습니다. 아이들은 그냥 땅바닥에 앉아서 쉬기도 하고, 그냥 서 있고는 했습니다. '아, 여기 나무 의자가 있으면 좋겠다' 생각은 했지만 아무도 나무 의자를 만들지 않았습니다. 그런데 현중이가 목공 선생님께 이야기를 해서 짬짬이 시간을 내어 목공실을 들락거리면서 뚝딱거리더니 두 주 정도 지나 나무 그늘에서 앉을 의자가 완성되었습니다.

"이거 현중이 형이 만든 거래."

아이들도 보는 사람들도 모두 뿌듯했고, 현중이를 칭찬했습니다. 그런 생각을 한 아이의 마음도 귀하고, 의자를 만들 수 있도록 도운 목공 선생님도 참 고마웠습니다. 아이들은 자신만의 빛깔을 찾아갑니다. 그렇게 찾을 수 있도록 돕는 것이 학부모와 선생의 역할이 아닐까 싶습니다.

『학교 혁신의 길, 아이들에게 묻다』에서 저마다 다른 빛깔로 살아온 아이들 그리고 앞으로 삶을 멋지게 살아갈 아이들을 만날 수 있어서 반갑고, 고맙습니다. 그 아이들을 있는 그대로 바라봐 주고, 인정하면서 늘 곁에 있어 주는 분들이 있기에 가능했다고 생각합니다.

그렇게 아이들 곁에서 이야기를 풀 수 있도록 애써 주신 남궁상운, 이현근, 강영기, 손수경, 정태식 선생님께 고마운 마음을 전합니다.

'동료와 함께' 만들어 가는
새로운 연수를 꿈꾸며…

김현주_전북교육연수원 교육연구사

누구에게나 마음속에 담고 있는 단어 한두 개 정도는 있을 것이다. 연수원 사람이 되어 있었던 그 언제부터인가 나는 '함께'란 단어에 가슴이 두근거리고 때로는 먹먹하기도 했다. 때로는 답답한 마음도 들었다.

'연수'라는 이름으로 만났던 많은 선생님들은 연수를 받으며 얻은 깨달음과 앞으로의 방향에 대한 고민으로 가슴이 뛴다고도 하고, 부담이 된다고도 말한다. 맞다. 연수를 받으며 얻게 되는 깨달음은 기쁨일 수도 있으나 실천에 대한 부담과 두려움이 될 수도 있다. 부담과 두려움을 익숙하게 만들고 지속적인 현장의 실천 동력으로 키울 수 있는 것은 '동료와 함께'이다.

그 어떤 저명한 강사보다도 더 강력한 힘을 갖는 '동료'는 현장에서 몸으로 체득한 실천적 지식과 언어로 강한 신뢰와 따뜻한 위로가 되어 주며, '함께'는 나눔과 실천의 용기를 주기 때문이다. 한시적이며 제한적인 물리적 공간과 시간의 틀 안에서 의미 있는 만남과 나눔이 흩어지지 않도록 '판'을 만들고 성장하는 '관계'를 꾸려 '동료와 함께' 할 수 있도록 해 주는 것이 연수원 사람들이 해야 할 일이고 소명이다.

'혁신학교 전문가 아카데미 과정'이란 이름의 연수는 그렇게 시작되었다. 학교와 교육지원청 그리고 연수원은 각자의 위치와 하는 일은 조금씩 다르지만 같은 고민을 하는 사람들이 만나 자료를 모으고 생각을 나누고 과정을 기록해 보는 일련의 실천 연구로 연수를 기획했다. 실천 연수의 완성도는 다소 부족하더라도 마지막은 반드시 현장의 많은 동료와 함께 나누자는 다짐을 하면서 진행했다. 실제로 6주 동안 이루어진 실천 연수의 내용은 2016년 11월에 현장 교원 및 교육전문직원을 대상으로 이 책에서 말하고 있는 '학교 혁신의 길, 아이들에게 묻다'를 비롯하여 '교사, 교육과정 개발에 대한 이해와 오해', '전북 일반계 고등학교 교육과정 다시 보기', '교육자로서, 시민으로서, 어른으로서 성장하는 교육전문직의 삶', '학교 안과 밖의 삶 잇기, 마을교육공동체'와 같이 다섯 꼭지로 풀어서 현장의 고민을 나누고 좋은 생각은 더하는 연수 속의 연수로 운영되었다.

그중, '학교 혁신의 길, 아이들에게 묻다'란 주제를 가지고 '학교 혁신 운동의 반성과 전망'에 대한 실천 연구를 진행해 온 그 과정과 기록이 이렇게 활자화되어 더 많은 분들과 나눌 수 있게 됨은 더욱 큰 감동이다. 어쩌면 이 기록은 혁신학교에 근무하는 분들과 근무했던 분들에게는 '옳은 길 위에 내가 서 있다'는 믿음과 용기를, 그리고 혁신학교를 포함한 학교 혁신 운동에 냉담하신 분들을 포함하여 가시적인 성과나 양적 평가 결과를 기대하는 분들에게는 혁신학교의 울타리에서 성장했던 아이들과 선생님의 목소리가 생경하지만 좀 더 진정성 있게 다가가지 않을까 하는 기대를 갖게 한다.

연수의 기획은 연수원이 하지만 그 연수의 완성은 결국 연수 받는 선생님들 몫이라고 생각한다. 그래서 동료와 함께 고민을 나누고 그에 따라 해결 방향을 설정하며 자료와 생각을 모아 분석하는 실천 연구 형태의 연수는 좀 더 창의적이고 생산적인 연수가 되지 않을까 한다. 또한 이러한 경험은 더 많은 분들과 함께 교육 현장에서 또 다른 고민의 탐색과 기록으로 시나브로 이어지길 바라는 마음 또한 가져 본다.

물론 좀 더 창조적이며 재생산의 연수가 될 수 있도록 연수원의 고민은 더욱 깊어질 것이며, 그 연수원의 고민의 끝에는 늘 학교 현장이 함께할 것이란 믿음이 있다. 다시 한 번 '학교 혁신의 길, 아이들에게 묻다'란 주제로 이야기를 풀어 준 남궁상운, 강영기, 손수경, 이현근, 정태식 선생님과 오늘도 현장에서 동료와 함께 고민을 나누고 좋은 생각을 하나씩 더해 갈 많은 선생님들을 응원한다.

실천 연수를 책으로 담아내기까지

남궁상운

한 해 한 해 쌓이던 교직 경력이 어느덧 20년이 훌쩍 넘었다. 요즘 학교생활을 예전과 비교할 때 가장 크게 달라진 것을 하나 꼽는다면 그것은 늘 하던 방식에 안주하지 않고 좋은 게 있으면 한 번 시도해 보는 것이다. 예전에는 그게 쉽지 않았던 것 같다. 일단 동학년 선생님과 보조를 맞춰야 했고, 해 오던 관행을 그대로 따라야 했다. 뭔가 해 보고 싶어도 교장, 교감 선생님께 허락 받기가 쉽지 않았다. 그러나 지금은 새로운 생각이 있으면 아이들과 상의하고, 동료 선생님들과 상의하고, 학교행정가(교장, 교감 선생님)와 상의하여 별일이 없는 한 실행한다. 이런 변화는 2011년 언제쯤부터 시작된 것 같은데 그 이후 점점 확산되어 가고 있다.

2016년 9월 전북교육연수원에서 '학교 혁신 전문가 아카데미 과정 연수' 공문이 학교에 왔다. 학교 혁신 연수 프로그램에는 기초, 심화, 전문가 과정이 있는데 전문가 과정은 그 전 과정을 모두 이수한 사람들을 위한 과정이다. 이 과정은 약 두 달에 걸쳐 진행되는 이수 시수 30시간짜리의 비교적 짧은 연수인데 특이한 점이 있다면 1~2시간의 강의를 제외하고는 대부분의 시간이 협의와 발표로 구성된다는 것이다. 연수 내용도 교육 전문가로서 현장에서 실천한 내용을 바탕으로 연구하고 발표하는 것으로 되어 있었다. 그동안 많은 연수를 받아 봤지만 이런 연수는 처음이었다.

학교 혁신 전문가 아카데미과정의 연수 내용

영역		교과목	교수요목	시간
전문 영역	1	전문 교육자로서 실천 연구의 삶 살기	- 실천 연구의 설계와 방법 - 실천 연구의 과정과 맥락, 자기 연구의 중요성	2
	2	주제별 실천 연구	- 실천 연구의 설계와 방법 세우기 - 주제별 연구 실행하기	20
	3	실천 연구 1차 발표회	- 실천 연구 진행 과정과 성과 발표회 - 남은 과제 정비 및 실천 계획 수정	3
	4	실천 연구 2차 발표회	- 실천 연구 결과 보고회 (초·중등 교원 및 교육전문직원 초빙)	3
	5	성찰의 시간	- 실천 연구보고회 후 서로의 느낌과 생각 나누기	1
행정	6	개강식 및 연수 안내	- 개강식 및 연수 안내	1
		계		30

이 연수 프로그램은 팀으로 참여하는 방식이어서 우리는 먼저 팀을 구성했다. 전문직으로는 전북교육청 교육혁신과의 정태식 장학사, 정읍교육청의 이현근 장학사가 참여했고, 현장에서는 동계초등학교 교감 남궁상운, 전주우림중학교의 강영기 선생님, 전주덕일중학교의 손수경 선생님이 합류했다. 주제는 학교 혁신에 관한 것이었다. 계획은 나중에 수정해도 되기 때문에 일단 공모 주제 중의 하나인 '학교 혁신 운동의 성찰과 발전'에 실천 연수 계획서를 냈다.

실행 계획은 학교 혁신의 사례를 알아보기 위하여 초등과 중등에서 각각 2개교씩 4개교를 선정하여 연구 대상자를 만나 면담하는 방식으

로 했다. 또한 학교 혁신에 대한 이해의 폭을 넓히기 위해 전문가들과
의 협의 시간도 마련했다. 무엇보다도 우리 실행 연구진이 같이 만나서
자료를 분석하고 토론할 수 있는 시간이 대부분이 되도록 계획을 수립
했다.

실천 연수 실행 계획

	교과목	배정 시간	강사명	소속(직위)	일정
1	학교 혁신 자료 수집을 위한 현장 방문(심층 면담 및 자료정리)		자체		9.26.(월) ~ 10.7.(금)
2	학교 혁신 질적 자료 분석 (워크숍: 전주 모처)	4			10.14.(금) 17:00~21:00
3	학교 혁신 질적 자료 분석 (워크숍: 전주 모처)	4	박○○ 이○○ 주○○	○○중(교감) ○○초(교감) ○○초(교감)	10.15.(토) 9:00~13:00
4	학교 혁신 성과 분석을 위한 FG (도교육청 회의실)	3			10.18.(화) 16:00~20:00
5	학교 혁신 일반화를 위한 지원 정책 발굴	3	자체		10.24.(월) 16:00~20:00
6	학교 혁신을 위한 학교문화와 시스템 안착 방안 모색	3	자체		10.31.(월) 16:00~20:00

연수 개강식이 있던 날은 특강 2시간을 제외하고는 팀별 협의 시간이
어서 보다 심도 깊은 실행 계획을 수립할 수 있었다. 우리 팀에서는 학
교 혁신의 성과를 아이들을 통해 듣는 것으로 했다. 담당 교사들과의
면담도 계획했지만 가장 중심이 되는 것은 아이들과의 인터뷰였다. 학교
는 전라북도교육청의 초창기 혁신학교였던 남원초등학교, 진안의 장승
초등학교, 전주의 덕일중학교, 군산의 회현중학교에서 각각 1명의 학생
을 주로 만나고, 그를 둘러싼 선생님과 친구들을 보조적으로 만나기로

했다.

학생을 선정하는 것은 상당한 주의를 요하는 작업이었다. 해당 학교의 선생님을 통해 몇 명의 학생을 추천받고 또 그 학생들과 부모의 허락을 받아야 했다. 혁신학교를 운영한 지 몇 년이 지났기 때문에 선생님들도 바뀌었고 학생들은 졸업했다. 대상 학생으로는 딱히 그 학교를 대표하거나 공부를 잘하거나 뭔가 자랑거리가 있는 학생을 선정하기보다는, 비록 어떤 문제가 있더라도 혁신학교에서 자신의 삶을 고민한 학생을 선정하기로 했다. 그래야만 혁신학교에 대한 긍정적인 이야기뿐만 아니라 부정적인 이야기도 들을 수 있을 것으로 생각했기 때문이다.

학생들과의 면담은 비구조화된 심층 면담으로 하기로 하고 면담 가이드를 만들었다. 면담 가이드는 크게 여섯 가지 주제로 구성되었다. 첫 번째 주제가 혁신학교의 경험은 어떻게 시작 되었는가였다. 이 외에도 혁신학교의 수업, 혁신학교의 수업 외 활동, 혁신학교에서의 생활, 자신에게 나타난 변화, 나에게 있어서 혁신학교의 의미로 구성했다.

학생용 면담 가이드 예시

1. 혁신학교의 경험은 어떻게 시작되었는가?
   - 혁신학교가 시작된 학년
   - 그때의 느낌, 생각, 기대
   - 학교는 어떤 곳이었는가?
   - 친구들은 어땠는가?
   - 선생님들은 어땠는가?

2. 혁신학교의 수업은 어떠했는가?

- 수업 방법, 학습 방법, 평가 방법 등에는 어떤 차이가 있었는가?
- 선생님은 교실 수업에서 어떤 부분에 중점을 두었다고 보는가? 그런 수업이 현재의 생활에 어떤 영향을 미쳤다고 보는가?
- 선생님의 수업은 주로 어땠는가? 어떤 수업이 주로 이루어졌다고 보는가?
- 졸업 후에도 기억나는 수업이 있는가? 어떤 수업이었는지 좀 더 자세히 말해 달라.
- 담임 선생님은 어떤 선생님이었는가? 학교 선생님들은 어떤 선생님이었는가?
- 선생님과의 활동, 일 중에서 가장 추억에 남는 일은? 그 일이 현재를 사는 나에게 어떤 의미가 있다고 보는가?

이제 본격적으로 현지조사(fieldwork)를 할 차례이다. 우리는 학교에 근무하는 형편상 한 사람이 모든 면담 대상 학생을 만날 만큼의 여유는 없었다. 따라서 역할 분담을 하여 연구진이 각각 학교 하나씩을 맡아 자료를 수집하고 학생 및 교사와의 면담도 진행했다. 면담은 그 학생을 가르쳤던 교사와 먼저 했다. 교사와의 면담을 통해 그 당시 학교 상황과 분위기 그리고 그 학생에 대한 충분한 정보를 얻을 수 있었다. 그다음 해당 학생과의 면담을 진행했다. 학생에게 질문할 때 대체로 면담 가이드를 따라 진행했지만, 거기에 크게 얽매이지 않고 그 학생이 자유롭게 이야기할 수 있도록 했으며, 중간중간에 상황에 맞는 다른 질문도 했다. 면담은 상황에 따라 1~2회에 걸쳐 진행되었고 모든 면담 내용은 녹취 후 전사했다.

1박 2일 워크숍에서 협의하는 장면

1차 실천 연구 발표회 장면

자료 분석은 먼저 각 연구진이 자기가 담당한 학생의 자료를 1차적으로 했지만 다시 그 자료를 가지고 연구진 전체가 모여 협의해 가면서 부호화하고, 유사한 아이디어끼리 묶고 범주화했다. 이것은 매우 긴 시간 동안 이루어진 작업이었다. 이를 위해 우리는 1박 2일을 함께 보냈다. 수많은 부호들은 크게 세 가지 범주로 모아졌는데 그것은 진짜 공부, 관계, 공동체였다.

학교 혁신 전문가 아카데미 과정에서는 연수 결과를 바탕으로 보고서를 쓰라고까지는 하지 않았다. 그냥 발견한 결과를 발표만 하면 되었다. 우리는 좀 더 종합적으로 그리고 깊이 있게 전북지역의 학교 혁신에 대하여 알아보기 위해 전문가 집단과 협의도 했다. 우리가 발견한 자료를 그들에게 설명했고 또한 그들로부터 전북 혁신 운동에 대한 포괄적이면서도 체계적인 설명을 들을 수 있었다.

이렇게 해서 완성된 우리의 연구 결과를 연수생 전체가 모인 자리에서 발표했다. 그 자리는 각 팀마다 연구한 결과를 발표하고 공유하는 식으로 진행되었는데 매우 화기애애했고 많은 질문이 쏟아졌다. 특히 우리 팀이 학교 혁신의 성과를 아이들을 통해 듣기로 한 것에 대해서 다들 공감해 주었다.

반응이 좋은 것에 고무되어 글쓰기를 하기로 했다. 먼저 각자가 맡은 학교의 학생 이야기를 적어 가지고 오면 그걸 가지고 토론하고 수정한 후 하나로 묶기로 했다. 그러나 각자가 글 쓰는 스타일이나 관점도 달라서 시간이 많이 걸렸다. 결국 이 작업은 연수가 끝난 이후에도 계속되었다. 정리한 글은 '학교 혁신의 길, 아이들에게 묻다!'였는데, 이 글은 2017년 1월 14일 서울교육연수원에서 열린 2017 전국시도교육청네트워크 교육혁신 국내학술대회 학술집에 실리게 되는 영예도 얻었다.

학술대회의 글은 논문의 형태를 띠고 또 분량에도 제한이 있어서 우리가 발견하고 성찰한 것을 충분히 싣지 못했다. 그래서 세 가지 범주인 진짜 공부, 관계, 공동체에 대해 좀 더 자세히 기술하고 이 전체를 논의한 가슴 뭉클한 학교를 분담하여 정리하고 토론하면서 이 책을 썼다.

참고 문헌

강신주(2010). 『철학 vs 철학』. 서울: 그린비.

경태영(2010). 『대한민국 희망교육 나는 혁신학교에 간다』. 서울: 케이앤제이.

곽노현(2014). 『징검다리 교육감』. 서울: 메디치미디어.

김성천(2013). 「경기 혁신교육, 성과와 과제」. 『교육비평』(31). pp. 154~171.

김영주, 이상신, 김종민(2015). 「초등학생이 지각한 학교 호감도 차이 분석: 경기도 혁신학교와 일반 학교를 중심으로」. 『초등교육연구』 제28집 3호. pp. 71~94.

김태현(2016). 『교사, 삶에서 나를 만나다』. 서울: 에듀니티.

나태주 외(2016). 『내 인생에 힘이 되어준 시』. 서울: 문화유람.

남궁상운, 강영기, 손수경, 이현근, 정태식(2017). 『"학교 혁신의 길, 아이들에게 묻다!" 새로운 학력 한국을 바꾸는 학교교육체제, 2017 전국시도교육청네트워크 교육혁신 국내 학술대회』. 전국시도교육감협의회.

노상우, 박승배, 성희옥, 허인석, 원성제, 최병흔, 김기옥(2011). 「전북 혁신학교 착근과정과 확산방안에 관한 질적 연구」. 『연구보고서』. 전라북도교육청.

박성자, 조무현(2014). 「2014 혁신학교의 학교효과성 분석」. 『교육정책연구』 2014-012. 전라북도교육연구정보원 전북교육정책연구소.

박승배(2014). 「전라북도 제1기 혁신학교 성과 분석」. 『초등교육연구』 제27집 4호. pp. 27~51.

박일관(2014). 『혁신학교 2.0 혁신학교를 넘어 학교 혁신으로』. 서울: 에듀니티.

박춘성, 김진철(2016). 「혁신학교와 일반 학교 학생의 자기주도 학습능력, 생활관리, 진로성숙도 및 학교만족도의 변화에 대한 탐색적 종단연구」. 『교육문화연구』 제22-2호. pp 49~76.

백병부, 박미희(2014). 「경기도 혁신학교 성과 분석: 교육격차 감소를 중심으로」. 『정책연구』 2014-14. 경기도교육연구원.

서영민, 박성자, 조무현(2015). 「2015 혁신학교의 학교효과성 분석」. 『교육정책연구』 2015-011. 전라북도교육연구정보원 전북교육정책연구소.

서영민, 조무현, 박성자(2016). 「2016 혁신학교의 학교효과성 분석」. 『교육정책연구』 2016-011, 전라북도교육연구정보원 전북교육정책연구소.

성열관, 이순철(2011). 『한국 교육의 희망과 미래 혁신학교』. 서울: 살림터.

손승남 외 4인(2010), 『동양고전에서 교육을 묻다』. 서울: 한국학술정보.

신영복(2016). 『처음처럼』. 서울: 돌베개.

안도현(2010). 『연어 이야기』. 서울: 문학동네.

야누슈 코르착(2011). 『어떻게 아이들을 사랑해야 하는가』. 서울: 내일을여는책.

엄정영, 오정란, 정재균, 조무현, 박성자(2013). 「혁신학교의 학교효과성 분석」. 교육정책연구 2013-002, 전라북도교육연구정보원 전북교육정책연구소.

윤일호(2016). 『어른들에게 보내는 경고장』. 서울: 내일을여는책.

이윤미, 백병부, 성열관, 송순재, 이형빈, 정광필(2013). 「서울교육발전을 위한 학교 혁신 방안 연구」. 『서울특별시의회 연구용역 보고서』. 서울특별시의회 사무처.

이중현(2011). 『혁신학교 조현초 4년의 기록 학교가 달라졌다』. 서울: 우리교육.

이형빈(2015). 『교육과정·수업·평가 어떻게 혁신할 것인가』. 서울: 맘에드림.

작은학교교육연대(2009). 『작은학교 행복한 아이들』. 서울: 우리교육.

장은주(2017). 『시민교육이 희망이다: 한국 민주시민교육의 철학과 실천모델』. 서울: 피어나.

전라북도교육청(2014). 『함께 만드는 우리 학교』. 내부 자료.

전라북도교육청(2016). 「제5회 호남권 혁신학교 포럼 자료집: 혁신학교, 공감하다! 상상을 더하다!」. 『전북교육』 2016-332. 전라북도교육청.

전라북도교육청 참학력지원센터(2015). 『배움과 삶이 하나 되는 참학력』.

정태식, 조무현(2013). 「2013 혁신학교의 학교효과성 분석」. 『교육정책연구』 2013-011. 전라북도교육연구정보원 전북교육정책연구소.

정태식(2015). 『해보자! 학교 혁신: 학교 혁신, 꿈과 희망을 품다』. 전북: 전북교육정책연구소.

천호성(2014). 『참여형 수업연구와 교사의 성장』. 서울: 학지사.

클라우드 슈밥(2016). 『클라우드 슈밥의 제4차 산업혁명』. 서울: 새로운 현재.

파커J. 파머(2008). 『가르칠 수 있는 용기』. 서울: 한문화.

한나 아렌트(2006). 『예루살렘의 아이히만』. 서울: 한길사.

함석헌(2009). 『생각하는 백성이라야 산다』. 서울: 한길사.

KBS 명견만리 제작팀(2016). 『명견만리: 윤리, 기술, 중국, 교육편』. KBS. 서울: 인플루엔셜.

글쓴이 소개

남궁상운 무주교육지원청 장학사

교단교사가 중심이 되는 학교를 꿈꾸는 현장의 교육실천가로 호주 시드니대학에서 교육학(Ph.D.)을 전공하였다. 현장의 변화를 일구어 내기 위한 노력의 일환으로 국제협력연구, 교육정책연구 프로젝트 등에 참여하며 꾸준히 연구보고서를 만들어 내고 있다. 주요 실천 연구 분야는 작은 학교 살리기, 교무행정업무지원팀, 교사학습공동체, 국제이해 및 교류, 다문화, 학교자체평가, 초등영어이다. 변화의 중심이라 할 수 있는 변방의 작은 초등학교에서 교감으로서 실무형 학교행정가(교장, 교감)의 길을 걸어가다, 현재는 교육지원청에서 실무형 교육행정가(전문직)의 길을 찾아가고 있는 중이다.

이현근 전라북도교육청 장학사

경기도로 첫 발령을 받고, 인천을 거쳐 전북으로 전입하여 근무한 완주삼우, 전주서신, 임실지사, 임실기림 등의 모든 학교가 혁신학교가 되는 행운을 누렸다. 초창기 작은학교교육연대와 전국초등국어교과모임 등 교사공동체의 참여로 많은 것을 배웠다. 아직도 부족한 학생 중심, 현장 지원이라는 한계에서도 묵묵히 지역에서 몸으로 지역교육운동의 본을 보여 주고 있는 벗들의 삶을 존경하는 정읍교육지원청 장학사로 근무하였으며, 학교와 마을을 연결하여 지역 교육에 대한 씨를 뿌리고, 밭을 일구는 일에 노력하고 있다.

정태식 이리북초등학교 교감

혁신교육은 무기력해지는 학교를 개선하고 살리는 공교육의 활력 시스템이며, 이는 존중과 참여를 바탕으로 이루어진다는 신념을 가지고 꾸준히 성찰하며 실천적 삶을 살아가고 있다. 지난 5년간(2012~2016) 교육청에 근무하며 혁신학교에 애정을 갖고 연구하고 기획하며 현장을 지원하였다. 전국교육정책연구소네트워크 및 혁신학교담당관(자)네트워크에 참여하였고, 전북교육정책연구소에 근무하면서 『해보자! 학교혁신』을 집필하기도 했다. 지금은 가슴 뭉클한 학교의 추억을 공동체와 함께 만들어 가기 위해 새로운 감수성으로 새로운 교감의 역할을 찾아가기 위해 노력하고 있다.

강영기 군산진포중학교 교사

교사로서 진짜 공부에 대한 나의 고민을 책에 담았다. '상선약수(上善若水)'란 말과 같이 최고의 교육 또한 물 흐름과 같이 자연스러워야 한다. 토론, 체험, 협업, 공유 등 다양한 물줄기 외에, 주도적으로 행하는 학생들의 마음이 중요하다. 자신과 타인에 대한 따뜻한 마음이 있다면 큰 물줄기이든 작은 물줄기이든 사회 구석구석 자연스럽게 흘러 살 만한 세상이 될 것을 믿기 때문이다. 아이들의 마음과 시선이 세상을 따뜻하게 바라볼 수 있도록 고민하고 교감하려 노력하는 교사! 전주우림중학교에서 혁신업무를 하였고 현재는 군산진포중학교에서 자유학기제를 통한 즐거운 영어 수업을 꿈꾸고 있다.

손수경 전주덕일중학교 교사

평범한 회사원에서 교사로서의 꿈을 잊지 못하고 서른에 늦깎이 교사로 임용, 직업인 교사로 살아오다 최근에 혁신학교에 근무하면서 느린 걸음이지만 교사의 정체성을 찾아가고 있다. 혁신학교에서 보낸 날들은 고단하고 힘들지만 그만큼 보람 있고 행복하다. 교육에 대한 고민들은 더불어 나를 돌아보게 하고, 교사로서의 삶과 아이들을 이해하는 창이 되어 주고 있다. 혁신 업무 담당으로서 느리지만 함께 걷는 한 걸음을 내딛기 위해 변함없이 노력하고 있다.

삶의 행복을 꿈꾸는 교육은 어디에서 오는가?

미래 100년을 향한 새로운 교육　　혁신교육을 실천하는 교사들의 필독서

▶ **교육혁명을 앞당기는 배움책 이야기**
혁신교육의 철학과 잉걸진 미래를 만나다!

한국교육연구네트워크 총서

01 핀란드 교육혁명
한국교육연구네트워크 엮음 | 320쪽 | 값 15,000원

02 일제고사를 넘어서
한국교육연구네트워크 엮음 | 284쪽 | 값 13,000원

03 새로운 사회를 여는 교육혁명
한국교육연구네트워크 엮음 | 380쪽 | 값 17,000원

04 교장제도 혁명
한국교육연구네트워크 엮음 | 268쪽 | 값 14,000원

05 새로운 사회를 여는 교육자치 혁명
한국교육연구네트워크 엮음 | 312쪽 | 값 15,000원

06 혁신학교에 대한 교육학적 성찰
한국교육연구네트워크 엮음 | 308쪽 | 값 15,000원

07 진보주의 교육의 세계적 동향
한국교육연구네트워크 엮음 | 324쪽 | 값 17,000원

08 더 나은 세상을 위한 학교혁명
한국교육연구네트워크 엮음 | 404쪽 | 값 21,000원

한국교육연구네트워크 번역 총서

01 프레이리와 교육
존 엘리아스 지음 | 한국교육연구네트워크 옮김
276쪽 | 값 14,000원

02 교육은 사회를 바꿀 수 있을까?
마이클 애플 지음 | 강희룡·김선우·박원순·이형빈 옮김
356쪽 | 값 16,000원

**03 비판적 페다고지는
세상을 변화시킬 수 있는가?**
Seewha Cho 지음 | 심성보·조시화 옮김 | 280쪽 | 값 14,000원

04 마이클 애플의 민주학교
마이클 애플·제임스 빈 엮음 | 강희룡 옮김 | 276쪽 | 값 14,000원

05 21세기 교육과 민주주의
넬 나딩스 지음 | 심성보 옮김 | 392쪽 | 값 18,000원

**06 세계교육개혁:
민영화 우선인가 공적 투자 강화인가?**
린다 달링-해먼드 외 지음 | 심성보 외 옮김 | 408쪽 | 값 21,000원

혁신학교
성열관·이순철 지음 | 224쪽 | 값 12,000원

행복한 혁신학교 만들기
초등교육과정연구모임 지음 | 264쪽 | 값 13,000원

서울형 혁신학교 이야기
이부영 지음 | 320쪽 | 값 15,000원

혁신교육, 철학을 만나다
브렌트 데이비스·데니스 수마라 지음
현인철·서용선 옮김 | 304쪽 | 값 15,000원

혁신교육 존 듀이에게 묻다
서용선 지음 | 292쪽 | 값 14,000원

다시 읽는 조선 교육사
이만규 지음 | 750쪽 | 값 33,000원

대한민국 교육혁명
교육혁명공동행동 연구위원회 지음 | 224쪽 | 값 12,000원

대한민국 교사, 어떻게 가르칠 것인가?
윤성관 지음 | 320쪽 | 값 15,000원

아이들을 어떻게 가르칠 것인가
사토 마나부 지음 | 박찬영 옮김 | 232쪽 | 값 13,000원

아이들의 배움은 어떻게 깊어지는가
이시이 준지 지음 | 방지현·이창희 옮김 | 200쪽 | 값 11,000원

모두를 위한 국제이해교육
한국국제이해교육학회 지음 | 364쪽 | 값 16,000원

경쟁을 넘어 발달 교육으로
현광일 지음 | 288쪽 | 값 14,000원

독일 교육, 왜 강한가?
박성희 지음 | 324쪽 | 값 15,000원

핀란드 교육의 기적
한넬레 니에미 외 엮음 | 장수명 외 옮김 | 456쪽 | 값 23,000원

▶ 비고츠키 선집 시리즈
발달과 협력의 교육학 어떻게 읽을 것인가?

 생각과 말
레프 세묘노비치 비고츠키 지음
배희철·김용호·D. 켈로그 옮김 | 690쪽 | 값 33,000원

 성장과 분화
L.S. 비고츠키 지음 | 비고츠키 연구회 옮김
308쪽 | 값 15,000원

 도구와 기호
비고츠키·루리야 지음 | 비고츠키 연구회 옮김
336쪽 | 값 16,000원

 의식과 숙달
L.S 비고츠키 | 비고츠키 연구회 옮김
348쪽 | 값 17,000원

 어린이 자기행동숙달의 역사와 발달 I
L.S. 비고츠키 지음 | 비고츠키 연구회 옮김
564쪽 | 값 28,000원

 분열과 사랑
L.S. 비고츠키 지음 | 비고츠키연구회 옮김
260쪽 | 값 16,000

 어린이 자기행동숙달의 역사와 발달 II
L.S. 비고츠키 지음 | 비고츠키 연구회 옮김
552쪽 | 값 28,000원

 관계의 교육학, 비고츠키
진보교육연구소 비고츠키교육학실천연구모임 지음
300쪽 | 값 15,000원

 어린이의 상상과 창조
L.S. 비고츠키 지음 | 비고츠키 연구회 옮김
280쪽 | 값 15,000원

 비고츠키 생각과 말 쉽게 읽기
진보교육연구소 비고츠키교육학실천연구모임 지음
316쪽 | 값 15,000원

 연령과 위기
L.S. 비고츠키 지음 | 비고츠키 연구회 옮김
336쪽 | 값 17,000원

 비고츠키와 인지 발달의 비밀
A.R. 루리야 지음 | 배희철 옮김 | 280쪽 | 값 15,000원

 수업과 수업 사이
비고츠키 연구회 지음 | 196쪽 | 값 12,000원

 교사와 부모를 위한 비고츠키 교육학
카르포프 지음 | 실천교사번역팀 옮김 | 308쪽 | 값 15,000원

▶ 창의적인 협력수업을 지향하는 삶이 있는 국어 교실
우리말 글을 배우며 세상을 배운다

 중학교 국어 수업 어떻게 할 것인가?
김미경 지음 | 340쪽 | 값 15,000원

 이야기 꽃 1
박용성 엮어 지음 | 276쪽 | 값 9,800원

 토론의 숲에서 나를 만나다
명혜정 엮음 | 312쪽 | 값 15,000원

 이야기 꽃 2
박용성 엮어 지음 | 294쪽 | 값 13,000원

 토닥토닥 토론해요
명혜정·이명선·조선미 엮음 | 288쪽 | 값 15,000원

 인문학의 숲을 거니는 토론 수업
순천국어교사모임 엮음 | 308쪽 | 값 15,000원

 어린이와 시
오인태 지음 | 192쪽 | 값 12,000원

 수업, 슬로리딩과 함께
박경숙·강슬기·김정욱·장소현·강민정·전혜림·이혜민 지음
268쪽 | 값 15,000원

▶ 남북이 하나 되는 두물머리 평화교육
분단 극복을 위한 치열한 배움과 실천을 만나다

 10년 후 통일
정동영·지승호 지음 | 328쪽 | 값 15,000원

 선생님, 통일이 뭐예요?
정경호 지음 | 252쪽 | 값 13,000원

 분단시대의 통일교육
성래운 지음 | 428쪽 | 값 18,000원

 김창환 교수의 DMZ 지리 이야기
김창환 지음 | 264쪽 | 값 15,000원

교육과정 통합, 어떻게 할 것인가?
성열관 외 지음 | 192쪽 | 값 13,000원

 동양사상에게 인공지능 시대를 묻다
홍승표 외 지음 | 260쪽 | 값 15,000원

 학교 혁신의 길, 아이들에게 묻다
남궁상운 외 지음 | 272쪽 | 값 15,000원

 프레이리의 사상과 실천
사람대사람 지음 | 352쪽 | 값 18,000원

 혁신학교, 한국 교육의 미래를 열다
송순재 외 지음 | 608쪽 | 값 30,000원

 페다고지를 위하여
프레네의 『페다고지 불변요소』 읽기
박찬영 지음 | 296쪽 | 값 15,000원

 노자와 탈현대 문명
홍승표 지음 | 284쪽 | 값 15,000원

 선생님, 민주시민교육이 뭐예요?
염경미 지음 | 244쪽 | 값 15,000원

 어쩌다 혁신학교
유우석 외 지음 | 380쪽 | 값 17,000원

 미래, 교육을 묻다
정광필 지음 | 232쪽 | 값 15,000원

 대학, 협동조합으로 교육하라
박주희 외 지음 | 252쪽 | 값 15,000원

 입시, 어떻게 바꿀 것인가?
노기원 지음 | 306쪽 | 값 15,000원

 학교 민주주의의 불한당들
정은균 지음 | 276쪽 | 값 14,000원

 교육과정, 수업, 평가의 일체화
리사 카터 지음 | 박승열 외 옮김 | 196쪽 | 값 13,000원

 학교를 개선하는 교장
지속가능한 학교 혁신을 위한 실천 전략
마이클 풀란 지음 | 서동연·정효준 옮김 | 216쪽 | 값 13,000원

 공자뎐, 논어는 이것이다
유문상 지음 | 392쪽 | 값 18,000원

 교사와 부모를 위한
발달교육이란 무엇인가?
현광일 지음 | 380쪽 | 값 18,000원

 교사, 이오덕에게 길을 묻다
이무완 지음 | 328쪽 | 값 15,000원

 낙오자 없는 스웨덴 교육
레이프 스트란드베리 지음 | 변광수 옮김 | 208쪽 | 값 13,000원

 끝나지 않은 마지막 수업
장석웅 지음 | 328쪽 | 값 20,000원

 대구, 박정희 패러다임을 넘다
세대열 엮음 | 292쪽 | 값 20,000원

 경기꿈의학교
진흥섭 외 지음 | 360쪽 | 값 17,000원

 학교를 말한다
이성우 지음 | 292쪽 | 값 15,000원

 촛불시대, 혁신교육을 말하다
이용관 지음 | 240쪽 | 값 15,000원

▶ 교과서 밖에서 만나는 역사 교실
상식이 통하는 살아 있는 역사를 만나다

 전봉준과 동학농민혁명
조광환 지음 | 336쪽 | 값 15,000원

 남도의 기억을 걷다
노성태 지음 | 344쪽 | 값 14,000원

 응답하라 한국사 1·2
김은석 지음 | 356쪽·368쪽 | 각권 값 15,000원

 즐거운 국사수업 32강
김남선 지음 | 280쪽 | 값 11,000원

 교과서 밖에서 배우는 역사 공부
정은교 지음 | 292쪽 | 값 14,000원

 팔만대장경도 모르면 빨래판이다
전병철 지음 | 360쪽 | 값 16,000원

 빨래판도 잘 보면 팔만대장경이다
전병철 지음 | 360쪽 | 값 16,000원

 영화는 역사다
강성률 지음 | 288쪽 | 값 13,000원

즐거운 세계사 수업
김은석 지음 | 328쪽 | 값 13,000원

 강화도의 기억을 걷다
최보길 지음 | 276쪽 | 값 14,000원

 광주의 기억을 걷다
노성태 지음 | 348쪽 | 값 15,000원

 선생님도 궁금해하는
한국사의 비밀 20가지
김은석 지음 | 312쪽 | 값 15,000원

 걸림돌
키르스텐 세룹-빌펠트 지음 | 문봉애 옮김
248쪽 | 값 13,000원

 역사수업을 부탁해
열 사람의 한 걸음 지음 | 388쪽 | 값 18,000원

 진실과 거짓, 인물 한국사
하성환 지음 | 400쪽 | 값 18,000원

 친일 영화의 해부학
강성률 지음 | 264쪽 | 값 15,000원

 한국 고대사의 비밀
김은석 지음 | 304쪽 | 값 13,000원

 조선족 근현대 교육사
정미량 지음 | 320쪽 | 값 15,000원

 다시 읽는 조선근대교육의 사상과 운동
윤건차 지음 | 이명실·심성보 옮김 | 516쪽 | 값 25,000원

 음악과 함께 떠나는 세계의 혁명 이야기
조광환 지음 | 292쪽 | 값 15,000원

 논쟁으로 보는 일본 근대교육의 역사
이명실 지음 | 324쪽 | 값 17,000원

 다시, 독립의 기억을 걷다
노성태 지음 | 320쪽 | 값 16,000원

▶ 더불어 사는 정의로운 세상을 여는 인문사회과학
사람의 존엄과 평등의 가치를 배운다

 밥상혁명
강양구·강이현 지음 | 298쪽 | 값 13,800원

 도덕 교과서 무엇이 문제인가?
김대용 지음 | 272쪽 | 값 14,000원

 자율주의와 진보교육
조엘 스프링 지음 | 심성보 옮김 | 320쪽 | 값 15,000원

 민주화 이후의 공동체 교육
심성보 지음 | 392쪽 | 값 15,000원
2009 문화체육관광부 우수학술도서

 갈등을 넘어 협력 사회로
이창언·오수길·유문종·신윤관 지음 | 280쪽 | 값 15,000원

 동양사상과 마음교육
정재걸 외 지음 | 356쪽 | 값 16,000원
2015 세종도서 학술부문

 교과서 밖에서 배우는 철학 공부
정은교 지음 | 280쪽 | 값 14,000원

 교과서 밖에서 배우는 사회 공부
정은교 지음 | 304쪽 | 값 15,000원

 교과서 밖에서 배우는 윤리 공부
정은교 지음 | 292쪽 | 값 15,000원

 한글 혁명
김슬옹 지음 | 388쪽 | 값 18,000원

 좌우지간 인권이다
안경환 지음 | 288쪽 | 값 13,000원

 민주시민교육
심성보 지음 | 544쪽 | 값 25,000원

 민주시민을 위한 도덕교육
심성보 지음 | 500쪽 | 값 25,000원
2015 세종도서 학술부문

 교과서 밖에서 배우는 인문학 공부
정은교 지음 | 280쪽 | 값 13,000원

 오래된 미래교육
정재걸 지음 | 392쪽 | 값 18,000원

 대한민국 의료혁명
전국보건의료산업노동조합 엮음 | 548쪽 | 값 25,000원

 교과서 밖에서 배우는 고전 공부
정은교 지음 | 288쪽 | 값 14,000원

 전체 안의 전체 사고 속의 사고
김우창의 인문학을 읽다
현광일 지음 | 320쪽 | 값 15,000원

 카스트로, 종교를 말하다
피델 카스트로·프레이 베토 대담 | 조세종 옮김
420쪽 | 값 21,000원

▶ 평화샘 프로젝트 매뉴얼 시리즈
학교 폭력에 대한 근본적인 예방과 대책을 찾는다

학교 폭력 어떻게 만들어지는가
문재현 외 지음 | 300쪽 | 값 14,000원

아이들을 살리는 동네
문재현 · 신동명 · 김수동 지음 | 204쪽 | 값 10,000원

학교 폭력, 멈춰!
문재현 외 지음 | 348쪽 | 값 15,000원

평화! 행복한 학교의 시작
문재현 외 지음 | 252쪽 | 값 12,000원

왕따, 이렇게 해결할 수 있다
문재현 외 지음 | 236쪽 | 값 12,000원

마을에 배움의 길이 있다
문재현 지음 | 208쪽 | 값 10,000원

젊은 부모를 위한 백만 년의 육아 슬기
문재현 지음 | 248쪽 | 값 13,000원

별자리, 인류의 이야기 주머니
문재현 · 문한뫼 지음 | 444쪽 | 값 20,000원

우리는 마을에 산다
유양우 · 신동명 · 김수동 · 문재현 지음 | 312쪽 | 값 15,000원

▶ 살림터 참교육 문예 시리즈
영혼이 있는 삶을 가르치는 온 선생님을 만나다!

꽃보다 귀한 우리 아이는
조재도 지음 | 244쪽 | 값 12,000원

선생님이 먼저 때렸는데요
강병철 지음 | 248쪽 | 값 12,000원

성깔 있는 나무들
최은숙 지음 | 244쪽 | 값 12,000원

서울 여자, 시골 선생님 되다
조경선 지음 | 252쪽 | 값 12,000원

아이들에게 세상을 배웠네
명혜정 지음 | 240쪽 | 값 12,000원

행복한 창의 교육
최창의 지음 | 328쪽 | 값 15,000원

밥상에서 세상으로
김흥숙 지음 | 280쪽 | 값 13,000원

북유럽 교육 기행
정애경 외 14인 지음 | 288쪽 | 값 14,000원

우물쭈물하다 끝난 교사 이야기
유기창 지음 | 380쪽 | 값 17,000원

▶ 출간 예정

참된 삶과 교육에 관한
생각 줍기